不退休其實更好

一位高年級實習生的真實分享

謝冠賢
李淑芬
——著——

書泉出版社 印行

推薦序1

摯友冠賢和淑芬賢伉儷是我在淡水教會圈內認識多年的弟兄姊妹（教會的稱呼），他們都是很熱情，具有內涵，又很謙和的人。讀冠賢的新作，我被他描述細膩而充滿感情的情節所吸引，跟著一起品嚐他接觸到人間的酸甜苦辣。我被作者以一個曾任政府高階，也曾在大專院校任教的學者，願追求經歷人生而從事辛苦的餐飲服務而深深感動。

人生改換工作跑道，重新學習，原是件很辛苦的事。尤其年逾六十，精力漸衰，本可準備含飴弄孫，還要放下身段，在工作中向年輕人學習，甚至是常在被指正的「錯中學」在餐廳內場、中場及外場的各樣工作上，都要磨練到應付自如，殊爲不易。

看見作者在工作中秉持戒愼敬業的態度，與顧客互動間流露出那份關懷，言談間經常帶給人肯定及安慰的話，令人倍感溫馨。一個人做事能不張揚、不自誇、不說教，只用行動勤懇地爲人服務，即使清理廁所穢物，或滿桌滿地的食餘殘渣也無怨尤，這是敬業精神。工作原不是爲五斗米折腰，而是一種對生命的付出，或許因爲作者長年身爲基督徒，故能在他工作中活出基督的善道。耶穌說：「我來原不是受人的服事，乃是要服事人。」上帝之子都如此謙卑，甚至爲世人捨己。人能效法天道，必然提升工作的神聖性與生命的價值。

其實我偶爾也去吉野家用過餐，但從書中更清楚看到吉野家的經營理念——服務人群，非常重視食品安全與服務品質。企業猶如政府管理，立規容易，卻貴在有效執行。作者非常生動地描述許多同事的工作表現，包括店長、代行者及一些工作夥伴。書末一段「快樂女店長的感染力」特別吸引我，這位店長有「以店爲家」的敬業精神，能凡事積極以對，活力十足，堪爲楷模。眞想哪天去她店裡，見識這位熱力四射的店長。

冠賢兄是個很有溫度的人，他的文筆流暢，筆尖常帶幽默與感情。他觀察顧客有老夫妻及父母子女間的眞情，也有年輕人浪漫的愛情，更常看到銀髮老人的孤獨。從吃飯看出人的教養，從脾氣看清人品，皆爲寶貴的人生體驗。作者獨具慧眼，別出心裁，令人驚豔，這眞是值得一讀的好書。

《聖經》〈傳道書〉說：「這樣看來，做事的人在他的勞碌上有什麼益處呢？我見神叫世人勞苦，使他們在其中受經練……」神這樣行，是要人在祂面前存敬畏的心。

所以人一切的工作經歷都是有意義的，人要享受勞碌所得，並懂得惜福感恩。銀髮族還能有能力擴張人生領域是件好事，銀髮族的問題常是，體力受限，學習不易，但願銀髮族能保持健康，在他們喜歡的工作中樂享人生。

陳士良 大使

曾任外交部非洲司司長、駐吉里巴斯大使、駐甘比亞大使

推薦序2

首先我要說：這本書是一本讓樂齡人生重新運轉的書。

記得剛開始接觸人力募集工作時，一直想找尋年輕的人力，但現實臺灣狀況的少子化及高齡化日漸嚴重，讓人力的招募陷入了困境，尤其以餐飲工作更是難於招募到年輕人，此時再一次到日本吉野家的海外研修，讓我瞬間茅塞頓開，日本的少子化及高齡化比臺灣進入得更早，「銀髮力」在日本已廣泛的被使用。這也開啟了我另一條招募的明燈。

在一次偶然的機會下，銀髮人才中心邀請我爲一群銀髮者進行開課，主要的課程內容爲餐飲服務的培訓，在這一次課程上，也讓我跟作者謝大哥相遇了。這次的課程讓我印象最深刻的是在課程上，大哥、大姊們認眞的做筆記、認眞地詢問問題、此次上課也讓我受益良多。其中有個問題是這樣的，請問你們覺得餐飲工作的哪個服務位置最重要？「外場、廚房、櫃檯？」其中謝大哥的回答正是樂齡工作者經過社會的歷練才回答得出來。謝大哥的答案正如書中所說的「外場工作」。這裡先不說明為什麼，讓各位讀者去書中找尋答案。

這本書中，作者詳細的介紹樂齡工作者如何從退休後，再回到職場上工作。從一開始找工作處處碰壁，到開始工作發生的趣聞。其中有很多經驗可以給想從事餐飲工作的銀髮者一些建議。作者如何把以前的工作經驗運用到現在的工作上。其中有說明到外場工作時要觀察客人、並把客人當成朋友、家人。我想在吉野家淡水店的客人能被謝大哥服務到，也是一種幸福吧！

最後鼓勵想重回職場上的銀髮樂齡者，要先放下「心態、身段、想法」才能得到「工作、人際關係、健康」並且最重要的是不要害怕改變，要勇於嘗試，樂在工作。這樣才能在職場上找到第二春，重新運轉樂齡人生。

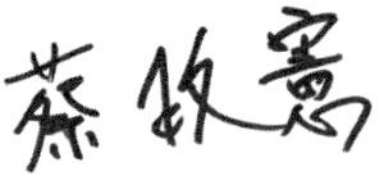
經理

現任吉野家人才招募中心經理

推薦序3

本書作者係本人主內弟兄，也是一位愛主的基督徒，他是美國馬里蘭大學的管理學博士，曾在我國政府機關擔任要職，及在大專院校教書，退休後曾服務於鋰科科技擔任董事長特助兼財務部經理，之後又進入不動產行業體驗人生，並出版一本不動產書籍——《Bridge 橋代誌：不動產買賣成交故事》，讓許多人受惠。

當我閱讀完這本樂齡工作的書之後，想到臺灣一句諺語：「行萬里路，勝讀萬卷書。」同樣的，內心也感受到「看完這本書，不怕找不到工作。」

在目前這個政治、經濟快速變化的世代，如果能閱讀這本書，你將能從中學習到，如何放下身段，從事各項職務，且能樂在其中，即使環境變動快速，也不會擔心失業，同時更能學習到許多待人接物，爲人處世的典範，進而能成爲品格高尚，風度翩翩的紳士，所以這本書眞的是一本樂齡打工者的寶典。

本書的作者才高八斗，學識淵博，書中常引用中外詩詞美學的金句，因此，當你閱讀到這些詩詞的當下，彷彿也正欣賞到一幅幅的名畫，美不勝收。作者是一位基督徒，他在書中引用了《聖經》中的經文，不僅能啟發讀者的愛心，及美善的哲學思想，更能大大的提升讀者對於生命的思考層次，

作者文筆流暢，如行雲流水，閱讀本書，亦如同觀賞一部激勵人心，勇往直前，一生努力奮鬥不懈的勵志電影，著實令人感動，值得一看再看，細細品嚐。

總之，讀者如能閱讀到這一本書，可以預見對於未來人生的道路，將會更為寬廣，獲益更是匪淺，例如：當面對困難、身處逆境時，將能更加勇敢面對，且能克服重重的難關，樂觀正面，化解一切困難，使你一生受用不盡。

張國麟先生

現任：立信地政士事務所負責人

大屯球場董事

新北市智慧綠能社區合作社監事主席

推薦序4

與作者結緣，是我在美麗信花園酒店任職人力資源部主管期間，參加勞動部銀髮中心徵才活動，因面談而認識，對作者會有深刻的印象，是他擁有美國馬里蘭大學的博士學位，後來在幾次因緣際會詳談後，發掘出他過往優秀的資歷。

作者退休後，身心皆健康，爲了讓自己有充實的生活，願意再投入社會轉換與過往不同的職場，在心境上早已建設並調適妥當，也願意接受工作上的挑戰，從基層開始，萬事俱備只欠東風，就只差有眼光的企業賞識，伯樂的慧眼。

根據作者書中的描述，勞動部銀髮人才中心積極推動安排徵才活動的立意良善，但是求職者在實際上進行與徵才企業面試的過程中，卻遇到求才企業們發現作者有博士的高學歷時，所遭遇到的挫折與被婉拒及切身無奈眞實的感受，包括在美麗信花園酒店與部門用人主管的面談過程，冷暖點滴在心頭。從本書中的字裡行間中，可以說是表露無遺。本書非常値得已退休或失業的中高齡銀髮樂齡人士閱讀，從作者親身體驗的心路歷程分享中得到啟發。能找到屬於自己的一片天，以及人生的第二個舞臺。衷心推薦本書。

個人就從事人力資源主管多年的職場體認，剛好也藉由本文分享銀髮族在求才時所面臨的實際現況。目前國內服務業人力短缺下，個人非常認同與推崇銀髮族的確會是企業界不錯的選項之一；只是大多數的企業並未真正體會到僱用銀髮族好處的優點。對銀髮族求職者來說，也能證明自己還有能力貢獻社會，而政府願意協助並立法保護中高齡就業與舉辦媒合徵才活動的德政，希望能夠達到協助樂齡人口順利就業，再度找到人生的目標與方向，達成政府與勞資三贏的局面。

目前政府已有《中高齡及高齡者就業促進法》、銀髮族徵才活動等相關措施上路並實施，相信未來還會有更多更成熟的立法或行政措施的配套方案，我非常支持與樂見其成。以個人的淺見，不僅僅是對銀髮族來說：整體就業環境而言，約聘、派遣、部分工時（Part Time），也絕對會是未來人力就業市場中的常態，甚至是勞力密集產業的主力。因爲社會多元化，工作選擇性多，員工對企業忠誠度降低，企業的社會責任負擔增加，勞工要求工時減少或有彈性工時需求的趨勢，還有少子化，業主傾向並朝向人力精簡與多功能，定期（約聘）、外包（派遣）、專業非專職（部分工時）的方向，將勢不可擋。

莊銘中 先生

曾任：臺北市美麗信花園酒店人資部經理

東森集團東森海洋溫泉酒店管理部經理

推薦序5

這是一本銀髮樂齡族慢活、樂活的好書

人口老化已是現階段高齡化社會所面臨的議題，牽涉的面向包括少子化、生育率降低、健康長期照顧、勞動人力短缺等，這些都是我們生活周遭，所看到、聽到、甚至是自己所面臨的問題，或有窘境，或有不知所措，甚至正在從容面對。

冠賢兄退而不休，繼續活躍地奉獻智慧與心力，也參加路竹會志工，在臺灣山區部落與國外斯里蘭卡、中國青海、越南、外蒙古，參與義診團志工服務。他身體力行印證人生下半場的身心靈自在，最重要的是「作自己」。

這些義診的國家都是路竹會多次義診的地點，服務的環境自然不比臺灣的舒適與便利，但冠賢兄協助發放老花眼鏡、帶領候診病患，即使忙到天黑都不喊累。這樣無私忘我的精神，犧牲奉獻卻又樂在其中的自我成長經驗，正印證其書中所闡述：「學習延長生命寬度與厚

度，並找到生命的價值與成就。」

冠賢兄在轉換職場，貢獻餐飲服務之餘，以其敏銳的觀察力，看盡外場形形色色的萬花筒人生，尤其，對銀髮樂活族的生活經驗、家庭親子互動、走動式管理，觀察入微並有趣分享。他樂於學習職場擦拭玻璃的方法，並回家應用在家事上面，卻也幫了同爲路竹會志工的夫人李淑芬不少忙。其優雅且柔軟的身段，樂觀進取的態度，像極了一塊海綿，隨時謙卑吸收新知識，又肯迎接挑戰，這樣的精神，令人佩服。

書中以專章分享家庭照顧、安養、居家照顧、外籍看護、臨終關懷等故事，這些都是現今社會所面臨嚴肅且實際的問題，更發生在你我周遭，小故事中的大道理，足以成爲實用的借鏡。冠賢兄悲天憫人的胸懷，正是路竹會志工展現人道關懷的典範。

一篇篇故事，累積許多的經驗與生命故事，也是我們最佳的心靈雞湯。冠賢兄所強調的觀念「老鷹啄舊毛」重新振翅高飛，**敞開心境，學習不認老的精神，正是銀髮族要如何慢活、樂活的重要關鍵**。無論是書中像極了老闆的故事，或像極了慈善家的故事，但願您閱讀後，能夠眞正的「像極了自己」，讓我們的人生下半場，活出更精彩的風景。

劉啟群 醫師
現任臺灣路竹會會長

目錄

前言：創世紀

銀髮族或者是樂齡族這一群人，在世界衛生組織的定義是指 65 歲以上的老年人，本書所指的銀髮族年齡層是指臺灣樂齡 55 歲至 70 歲之間的這一群人。他們不是屆齡退休或是年資已到，都已經退休了嗎？或者是應該在家含飴弄孫了嗎？或者是應該到處遊山玩水了嗎？爲何還要再去尋找工作呢？其實，銀髮族這一群人會想要再去找工作者，有以下幾個原因：

一是家庭經濟的需要；

二是追求成就感；

三是在家無聊找事做。

但也有人認爲是要尋找第二春（此指老年伴侶）等原因。

但臺灣長春集團 92 歲高齡的總裁林書鴻先生則認爲：「人爲何長壽？最重要的是，你要一直做事情，一直要求自己對社會有貢獻，否則老天就叫你回去。」所以林書鴻總裁迄今仍樂在工作，有時候爲了巡視工廠，仍用走路方式巡視比大安森林公園大三倍的苗栗廠房，藉以鍛鍊身體。爲了學習新知，掌握商業脈動，還與公司的年輕人一起上課，相互交換意見。

尤其 Z 時代的年輕人，他們常常接觸資訊科技的工具與軟體，很懂得使用網路、LINE、FB、Instagram

等通訊軟體，在這方面的技能與才華，往往超過樂齡族的朋友們，樂齡族朋友們若想要「與時俱進」，則須虛心向這群年輕人請益，千萬不能再對年輕人說：「我吃過的鹽比你吃過的米還多，我走過的橋比你走過的路還多。」來表示我比年輕人懂得多。

我的老東家鍾媽媽不動產公司的老闆娘鍾媽媽，現年已 76 歲了，也在向年輕人學習如何使用 LINE 通訊軟體，她已是超銀髮族，還活躍在不動產界，像是老鷹到了 40 歲時，爪子已老化，無法捕捉獵物，老鷹只有兩種選擇，一是等死；一是蛻變重生，老鷹選擇了重生，再次啄掉舊羽毛，讓新羽毛重新長出，再次展翅高飛，再活躍二十至三十年的美好時光。老鷹蛻變重生這種重新得力情況，如同《聖經》所說的，「他們必如鷹展翅上騰，他們奔跑卻不困倦，行走卻不疲乏」；也如同長春集團林書鴻總裁所說的，「時時刻刻維持以身作則，活到老學到老的態度與精神，最後就會刺激內分泌，讓自己動起來，也許就能多活個十幾年。」

怪不得新英格蘭醫學雜誌 2018 年研究指出，人的一生最美好的時光與生涯最高峰的時段就落在 60 歲至 80 歲之間，此研究報告若是屬實，樂齡族朋友們更應貢獻所學，如老鷹一般，再次展翅高飛。

然按理說，臺灣的銀髮族或是樂齡族這一群人，已走到人生下半場，也已累積了一些財富與人生經驗，應該是身心靈最自由自在，最能做自己的一群人。若您仔細觀察周邊朋友的樂齡或銀髮族朋友，您會發現，其實不然，他們仍有諸多問題需要面對。舉凡：一、臺灣年輕勞動人口的缺口亟需銀髮族來彌補，但企業對銀髮族的需求不大；二、目前這群銀髮族朋友，對上仍有年邁父母親要照顧，對下則還需照顧或幫助年輕子女的經濟等問題。因爲，臺灣自 2020 年起，總人口開始負成長，死亡人數超過出生率，出生人口數依據內政部的統計，從 2001 年的 260,354 人下降至 2019 年的 166,886 人，此與年輕人不結婚，或結婚後不願意生小孩有關，導致年輕勞動人口減少，勞動缺口逐漸加大。

我在打工的地方——吉野家淡水店，就會常看見一些銀髮族夫婦或單身銀髮族來店裡用餐，有時候與他們問候或簡單閒聊時，會得知他們的孩子迄今未婚，或者他們目前還未能含飴弄孫，說到此現象，他們總會嘆一口氣！這也是目前臺灣的人口危機所在。

依據國發會研究指出，至 2025 年，臺灣 65 歲以上老年人口占比將超過 20%，此數字更凸顯出臺灣出生率的驟降與人口危機。因此，臺灣出生率低，導致年輕勞動人口不足的問題將愈趨嚴峻，這個勞動缺口，若完全仰賴文化背景不同的外勞來填補，有其制約性，亟需仰賴有經驗的銀髮族人口來彌補，才有其創造性；加之，目前許多家庭裡，年邁父母親的照顧責任，仍落在銀髮族朋友的肩膀上。這些問題對銀髮族朋友來說，是一種生活與心理上的壓力。但無論如何，銀髮族朋友要讓生活過得生動活潑更加有趣、不被綑綁，讓自己走入新的職場，是一個不錯的選擇。以下就從幾則故事談起，以吐露銀髮族朋友爲何還想要有個舞臺的心內事。

首先從一個 68 歲的朋友談起，我這位朋友是某家知名人壽公司退休的高級主管，老婆大人則是退休教師，他們培育的兩位孩子均很有成就，兒子當醫生，女兒是位公務員。但兒子已近 40 歲，迄今尚未娶妻生子，每天忙著醫院和診所的事，女兒是公務員已出嫁，目前只剩兩位老人在家每天大眼瞪小眼，我看妳、妳看我。他說：「若不出來找工作做，整天待在家跟老婆大人相處，除了鬥嘴之外，還是鬥嘴，這樣長期相處下來，不生病才怪。想要抱孫子，兒子就是不想結婚。所以**出來工作，不完全是經濟考量，而是要找一個清靜的地方，讓自己活得自由自在愉快一點**。」找一個「避難所」這或許也是生命重生的另一種抉擇。

至於我尋找工作的目的，是爲了**追求成就感，創造自己的剩餘價值**，因爲我兩個孩子都已成家立業，平時在家，我和老婆大人也要照顧年邁的母親，要幫母親準備三餐、洗澡，以及從事醫療照護等工作。我和太太爲了把握最精華的六十年華，不讓青春歲月虛度與浪費美好時光，選擇退而不休，在另一個職場貢獻所學。

有一次，我在勞動部銀髮中心參加一個演講，來聽課的人當中，有一位年齡大約 58 歲的婦女，我問她，妳爲何還要出來找份工作做呢？她說：「自己學歷不高，**家庭經濟又不好，想多找一份兼差的工作貼補家用**，因爲晚上已有一份兼差工作，想再找一份白天兼差工作。」「那妳小孩已經出社會工作了嗎？」我很好奇地反問她，她竟如此的回答我說：「不要說我小孩的事了，他們能夠養活自己，我就偷笑了。」這是這位樂齡大姊的心聲。

另外，我也在勞動部銀髮中心遇到一位從企業界退休的銀髮族，他的年齡已超過 60 歲了，月領退休俸，卻依舊到處參加勞動部銀髮中心開辦的諸多就業課程，在與他交談的過程中，發現這位先生懂得許多管理方面的知識，我問他爲何還想出來找工作做呢？他很無奈的回答說：「**想要再到企業界貢獻所長，無奈年齡關係，**

沒人要，只能找一些服務業的工作來消磨老年時光。」

再者，有一天在一個風和日麗的星期六上午，我與老婆大人在淡水與三芝交接的海邊健走時，偶遇以前在天母教會的朋友，這對夫妻是來淡水海邊散心的，因爲目前他們夫婦倆星期一至星期五均需照顧年紀 93 歲，且雙腳骨折的老母親。對照顧年邁的母親這一件事，我的心與他們頗有同感，照顧的人每天要做許多照料的事，在緊繃的氛圍下，身心靈也會感到疲累，非常需要找一天出來散心透透氣，讓拉緊的發條稍微放鬆一下，補給一下身心靈的維他命 C。

我朋友的老婆大人說，「她 2020 年 2 月份剛從職場退休，本想享受一下退休的生活，但沒想到自己婆婆 2 月份剛好跌倒骨折，還未享受到退休生活的樂趣時，就要每天待在家裡煮三餐給婆婆吃，還要幫婆婆翻身及處裡她的大小便。還好先生仍在家接案工作，可以每 2 天幫他母親洗澡一次，減輕我一些負擔。」這是**銀髮族退休後，還需照顧婆婆，無法享受退休生活**的故事。

我的朋友接著跟我分享說：「由於他的弟弟還未退休，因工作關係，星期六、日才能放假，他的弟弟還很孝順，星期六、日可暫時接手照顧他們年邁的母親，讓他們夫妻倆星期六可外出散心，讓生活加點調味。」

我朋友已 66 歲了，由於他哥哥旅居加拿大，無法回臺灣照顧他的母親，因此，照顧年邁母親的重擔，就落在我朋友和他老婆大人的身上。我問我朋友說：「爲何不請外勞來照顧您母親呢？」他說：「一方面他媽媽本身不習慣外勞來家裡照顧；另一方面，若請外勞，還要照顧外勞的起居生活和情緒，不如自己照顧最省錢、最省事。」

可是我朋友的太太對她先生所說的話卻有不同看法，認爲母親是大家的母親，須輪流照顧，不然沒有照顧母親的人，就要出錢給照顧的人。而我朋友對他太太的見解則有不同的看法，認爲照顧母親是天經地義的事，若還要其他兄弟姊妹出錢，反而增加他的照顧壓力，出錢的人就會指指點點，挑東挑西的。

照顧年邁母親的事，就需要有一個人不計較願意付出，家族才能維持和諧，我這位朋友就是這樣的人。

還有我居住在臺北灣社區的關係，爲了生活便利，理髮時總會找社區附近的理髮廳。有一次我到這一家理髮廳理髮時，理髮廳老闆喜孜孜地跟我分享他的喜事說：「我剛花了 680 萬買到一間 4+5 的公寓房子，總計 8 個房間。」我聽了老闆分享之後，腦中轉了一下說：「是不是五樓沒有產權的加蓋房子」理髮廳老闆馬上提高分貝高興地繼續跟我分享說：「買了這一間房子，我終於不用租房，可以擁有自己的房子，也可把媽媽接來住。女朋友（其實是我太太）也可以一起住，房貸也可以一起負擔，而五樓有 5 間套房，稍微整修後，每間可出租 4,500 元。」「眞的好棒，又可創造被動收入。」我對他的見解，深表贊同。

緊接著我再次好奇的反問這位理髮師說：「請問您，您只有要接您媽媽來住，怎沒有想到您父親呢？」理髮師語帶無奈的說：「我父親已經 68 歲了，目前在南投老家照顧 92 歲的祖父，祖父因爲車禍骨頭開刀，由於手術沒有很成功，兩腳逐漸萎縮，不良於行，再加上我祖父他不喜歡請外勞來照顧，只好由我父親來照顧。」

「請問你祖父生幾個小孩呢？」我又好奇地問。老闆回答說：「我祖父生了 5 個小孩，3 女 2 男，3 位姑姑沒有負責照顧他祖父，但其中有一位比較有錢的姑姑會每月支付 5 千元給我父親，另一位叔叔則每月提供 2 萬元給我父親，總計 2 萬 5 千元作爲我父親照顧我祖父的辛苦錢。」

這位理髮店老闆的祖父，因爲他的姑姑與叔叔願意出錢給他父親來照顧年邁的祖父，使家族的和諧得以維

持，也能盡到孝道。

對銀髮族朋友還有體力照顧年邁的父母親，以及他們年邁的父母親晚年還能夠得到照顧的情況來說，這是銀髮族朋友的恩典，也是年邁父母親的福氣，這些恩典好比《聖經》裡頭的一句話：

壓傷的蘆葦，祂不折斷
將殘的燈火，祂不熄滅

這種景況像極了溫柔的慈悲……

從以上這些在臺灣社會發生的眞實故事，就可凸顯出，現在銀髮族所面對的照顧與被照顧、就業、退休生活，以及尋找工作價値等等問題，値得我們一起來關心與探討。政府對銀髮族就業問題也愈趨重視，於 2020 年 12 月 4 日已由勞動部正式頒布《中高齡及高齡者就業促進法》鼓勵企業主勇於聘用中、高齡者就業，期能讓中、高齡者有再爲社會貢獻己力的場域。

而我自己已屆耳順之年，也同樣面對雷同的問題，就把自己在耳順之年求職的過程，以及在吉野家工作時，所面對的挑戰與學習過程，〈自己發生的糗事〉、〈與代行者的爭執〉、〈哈囉！日本留學生〉、〈哈囉！鄒先生〉、〈日本母女的驚嚇〉、〈廁所裡的祕密〉、〈觀察顧客餐盤，看見人品〉、〈醫治我的五十肩〉、〈失意的熟男〉、〈吻痕──青春的荷爾蒙〉、〈Z時代的思維〉、〈充當淡水旅遊大使〉，以及〈女區經理的走動式管理〉等有趣的故事，分享給諸位讀者，期望能嵌入大家的心裡，得到共鳴。

另外，最後增加〈思索篇：長照故事〉，敘述樂齡族照顧長輩「酸甘甜」的故事，由李淑芬女士擔綱，這些長照故事均是李女士親自訪談所獲得的眞實案例，區分爲：〈家庭照顧〉、〈外籍看護照顧〉、〈安養院照顧〉、〈居家照顧〉及〈善終故事〉等議題，讓長照的觀念與實際照護的問題能被看見與重視。

2021年3月

Note

第1篇

尋找工作，創造新生活

「世界是一本書，

不旅行的人只看到其中的一頁。」——聖奧古斯丁

「樂齡者也是一本書，

勇敢錄用的企業如獲寶藏。」——謝冠賢

新英格蘭醫學雜誌報導（2018 年），在美國進行的一項大規模研究發現，生產力最高的時代，在一個人的生命當中是 60 歲至 70 歲，而 70 歲至 80 歲是第二高生產力時段，那麼第三高生產力的年齡則介於 50 歲至 60 歲之間。該醫學雜誌為此做了以下的舉證：「諾貝爾獎得主平均年齡為 62 歲，全球 500 強企業 CEO 平均年齡為 63 歲，美國前 100 個最大教堂的牧師平均年齡為 71 歲，教皇平均年齡則為 76 歲。」顯見上帝以某種方式設計你生命中最美好的時光為 60 歲至 80 歲，也就是你生涯中最高峰的時段。

閱讀這個研究報告，對銀髮族朋友們是一種鼓舞，所以我在耳順之年也想做一些改變，決定離開在大學 16 年的兼課時光，重新尋找下一個人生可以體驗的事物，就如同摩斯漢堡的一句青春 Slogan（廣告主打詞）：「早安青春，願你青春裡都有美好的回憶。青春是打開了就合不上的書」。既然青春不可重複，我已處在青春的尾巴，何不隨著青春舞蹈呢？銀髮族的朋友們在讀小學時也應該都聽過，及唱過黃駱賓先生作詞作曲的「青春舞曲」這首歌，「太陽下山明早依舊爬上來，花兒謝了明年還是一樣的開，美麗小鳥一去無影蹤，我的青春小鳥一去不回來，我的青春小鳥一去不回來，別的那呀呦～～我的青春小鳥一去不回來」。青春既然像小鳥一樣的快速飛逝，就充實的過著每一天吧！

所以我爲了尋找下一個人生可以歷練的職場，便開始重新在 1111 人力銀行、104 人力銀行，以及 yes123 等求職網投遞履歷，期望能找到新的舞臺，但所有投遞出去的履歷有如石沉大海般的噗通一聲，沒有回音。爲了投遞出去的履歷能被錄用，我又重新更新我的求職履歷內容，按照我要應徵的職缺，履歷內容盡量描述得符合該職缺的需求，但投了出去依舊音信全無。我就把很難找到工作這個問題，請教勞動部銀髮中心的顧問，這位專家跟我說：「雖然你的學經歷豐富，但在人力銀行要找的人才，一定不要高年齡者，他們認爲不好管理，兼因高學歷，他們也不敢用。你若要能夠找到工作，最好是透過人脈或獵人頭公司才有機會。」這是銀髮中心的顧問給我的建議，我也覺得滿有道理的。

有一天在我的 Mail 信箱接到 yes123 求職網的面試通知，高興得不得了。這家網購公司人事部門通知我面試的日期，以及面試的時間，我依通知的時間，準時到該公司報到。一進該網購公司的大門，已看見有一位中年男士在旁等候，我想應該也是來面試的，這時有位穿著非常 Fashion，頭上戴著紅色帽子的女孩正坐在一張白色的椅子上，筆電就擺放在鋪有淺藍色桌巾的圓桌上，手指上的指尖一方面不斷的在筆記型電腦上的鍵盤來回撥動，一方面雙眼凝視著我們說：「你們兩位是被通知來面試的嗎？請坐！請坐在我的桌子旁邊。你們知道我公司是一家網路代購公司，幫忙消費者代購東西。我是這家公司的主管，我會從事代購，是因爲以前在一家公司當會計，薪水不到 3 萬元，下班後就兼著做代購業務，是有賺到一些錢，後來就辭去會計工作，專心從事代購業務，我現在一個月平均有 10 萬元以上的收入。」

這位美麗的女主管說完話後又接著說：「請問你們會使用 LINE 通訊軟體？我現在先把你們兩位加入我的 LINE 好友，我會傳一些廣告行銷詞句到你個人的 LINE 之中，你再把我傳給你的這則廣告詞的說帖轉貼傳給你 LINE 中的 10 位好朋友。對了！這次代購的產品是某牌子的牛肉乾，請問你們以前吃過這個牌子的牛肉乾嗎？」。

我內心自個兒對自己說話，我從未實際上網網購任何食品過，怎可能吃過呢？只能回答說：「沒吃過。」對方即說：「好的！既然未吃過，我這裡剛好有一盒打開過的牛肉乾，就請你們品嚐看看。」

這位美麗的女主管也不管我有沒有聽懂或了解，一見面就介紹這麼多。

我雙手接下女主管給我的牛肉乾，正品嚐著這個牌子的牛肉乾之際，突然間這位主女管對我說：「把你手機先借給我，我把剛才所說的話在你的 LINE 上實際做一遍給你看，若廣告訊息傳出去後，你 LINE 上的朋友有回覆，不管已讀不回，或者回覆沒吃過或是有吃過，都沒關係。若回覆沒吃過，就用這則 A 行銷用詞，若說：已吃過，就採用另一則 B 行銷廣告詞，AB 兩則行銷廣告詞待會兒會傳到你的手機裡的 LINE 當中。另外，若有確定要代購的買者，你不用親自收錢或匯款，只要傳送一則至『中國信託銀行』匯款或轉帳的帳號信息給他們即可。這則匯款或轉帳資訊，待會我也會傳到你的 LINE 當中。我們的金流是採用『中國信託銀行』的帳號轉帳，這樣才會讓消費者比較放心，而物流則一律交由宅急便送貨。」

這是這家網購公司的女主管教我們如何在 LINE 通訊軟體上向自己 LINE 中的朋友做行銷的方法，而且資訊流、金流、物流完全到位。

其實，這也就是數位時代所謂的「指尖經濟」行動購物的一環，所有商業活動都在指尖上完成，也就是只要拿著智慧型手機在手機上用手指上網訂購你自己想要的東西，這樣不出門就能產生商業活動，企業的營業收入也在網購中被創造出來，而網購就是幫朋友或消費者在網路代購某一特定東西或物品，因而從累積大量的訂單中賺取佣金收入。

這時我很直接地跟這位面試官（女主管）說：「對不起！我不好意思照您的方式這樣做，我 LINE 裡的朋友若突然收到我傳給他們的網購訊息，是會覺得很奇怪的，會認爲這可能是我的 LINE 帳號被盜用，是騙子傳來的，因爲這不是我平時的風格，而且我也很少從事網購消費，以及傳網購的消息給 LINE 中的朋友。」

對方說：「不要給自己先預設立場，你還沒有做，就說不行，那你幹嘛要來呢？這樣吧！我先用你的手機幫你傳給 10 位你 LINE 中的好朋友，10 分鐘過後，你再看看你 LINE 中的朋友怎麼回覆的，你再依據他們回覆的內容給予不同的 A 或 B 行銷用語。」這位女主管面試官如此的告訴我，目的是緩解及克服我的心理障礙，她的意思是「去做就是了，不要想太多。」

10 分鐘不到，我 LINE 中的朋友回覆了，有些人說：以前吃過；有些人回覆說：沒聽過這個廠牌，還有些人則已讀不回。

接著這位女主管再次教導說：「好的！謝先生，那些回覆以前有吃過的，就用 A 說詞；那些回覆沒聽過的，則採用 B 說詞。接著，再從 LINE 中的朋友中，再挑選 10 位，用同樣的方式傳給他們，今天就先傳給 50 位朋友。傳完之後，就拿這張訂購單，記錄他們要訂購的牛肉乾數量，若二個星期過後能達到團購 40 包以上的數量，就有獎金收入。」

聽了這位女主管的話之後，我就傻傻地用 LINE 傳這些網購牛肉乾行銷訊息給 LINE 中的朋友，總計傳給 50 位，期望能從網購中賺取被動收入。

沒想到回家之後才是好笑事情發生的開始，LINE 中的好朋友有好幾位傳 LINE 告訴我的老婆大人說：「謝兄的 LINE 是不是被盜用，他怎麼可能做起網購業務了呢？」。更有趣的是，還有多年未聯繫的朋友，收到這則網購訊息，爲了求證是不是我本人發的信息，便使用通關密碼詢問我幾個問題，例如：他兒子叫什麼名字、在哪個大學唸書、唸什麼科系等等。若答對了，才願意購買 2 包。哈哈哈！

這位女主管做事很積極，我回家沒多久，又傳 LINE 問我有沒有團購的好消息呢？我說：「有！目前 2 包。」她便說：「那麼你明天有空嗎？來公司找我，我再教你一些方法。」我即回：「好的！明天下午 2 點準時到。」（此時，我內心很不踏實，心情很複雜地回答。）

隔天我依約來到這一間網購公司，這時門前已坐滿 3 位前來應徵的年輕人，而不是我這個銀髮族；想必這些年輕人比我這位銀髮族還懂得使用智慧型手機，以及喜愛線上網購，更適合來做網路代購。然而唯一的缺點可能是，認識的人有限，需要不斷的去開發人脈。

根據 GO SURVEY 2019 年跨世代消費趨勢報告指出：「40 歲以下世代，每月平均會有 2-3 次的網購消費，平均每次消費金額約在 NT$1,600-1,800 元之間，而 50 歲以上的樂齡世代，每月網購次數平均約 1.6 次，消費金額平均約在 NT$2,300 元左右。」顯見樂齡世代的人口雖上網次數較少，但比較有錢。然而網路代購是直接與商家對接，沒有所謂的中盤商，若能大批量代購，價格一定比單獨網購一樣物品來得便宜許多。因此，網路代購的東西若品質與自己想要網購的東西相同，價格比自己想要網購的物品便宜，從事網路代購應該會有很好的商機和佣金收入。

「謝先生你好，網路代購做得怎樣？現在已有多少人要訂購了呢？」這位女主管沒有先面試這 3 位年輕的應徵者，反而先跟我打招呼。並說：「你的 LINE 中的朋友有 900 多位，你只要群發團購資訊，每月一定可以獲得高額佣金。」「可是這 900 多位 LINE 朋友已有三分之二以上，已很少聯繫了。」我很直接的回答，但沒有跟她說：「很多是我做不動產時加 LINE 的朋友，有效性是不足的。」

女主管又說：「謝先生，若你網路代購能夠做起來，我這邊還有許多可網路代購的東西，例如：水蜜桃、櫻桃等等這些與季節性有關的產品，要做的事很多，不完全只是代購牛肉乾而已」。

是的！這位女主管說得對，她必須這麼做，不斷的開發新產品，不斷的招收新人進來從事網路代購，這樣她的人脈才能不斷的擴大，她的業績才能持續的創造成長，這就是管理學上所謂的「長尾理論」。一則讓網路代購產品不斷增加；二則為她從事網路代購的人也不斷增加，這樣就能為她的網路代購公司拉出一條厚厚長長的營收曲線。不過，她要成就這個事業，產品品質及人員教育訓練就變得非常重要了，因為沒有好人才及熱情、穩定的工作夥伴，是無法永續經營的。

我這位銀髮族先生，因為面子問題，放不下身段，無法天天幫別人網路代購東西，也說不出口要別人不斷的消費。

就這樣從事網路代購業務一個月之後，我的業績是：「只達成團購 30 包牛肉乾，沒有達到業績 40 包的數量。」所以完全沒有獎金，就跟這位女主管說：「對不起，我實在臉皮薄，不能勝任此項工作。」就揮一揮衣袖，說聲再見了。

銀髮族朋友想要從事網路代購，需要自己也是一位熱愛網購的人，否則像我一樣做起來沒有滋味，一點也熱情不起來，更不用說有執行力了。

若人生像一塊大拼圖，在這人生的過程中，從小到大難免會遇見挫折、失敗、快樂或成就，若把這些小拼圖一塊一塊的拼在一起，就可拼出一幅你的人生圖畫；而我就把網路代購這件事，當作我人生拼圖中的一小塊，沒有這一次實際體驗網購的經歷，我就不會選擇改變，就無法向前去尋找，或去拚另一塊拼圖，或許我的生命中因少了這一塊網路代購拼圖，可能我也就無法拚出一幅屬於自己的完整人生拼圖出來。

人生的每一幅美麗的拼圖裡頭，不就是酸、甜、苦、澀的色彩結合起來的嗎？

第 2 篇

勞動部銀髮中心求職

銀髮族不是「金蟬脫殼」華麗脫身。

銀髮族不學「龍蝦脫殼」浴火重生。

銀髮族像是「老鷹啄舊毛」放下包袱，展翅高飛。

——謝冠賢

向網路代購公司說 Bye Bye 之後，我這位銀髮族還是在家坐不住，就拿起電話打給勞動部銀髮人才資源中心詢問有關銀髮族就業相關問題，由於過去曾打過好幾通電話到銀髮中心，所以接起電話的服務人員望小姐早已聽出我的聲音說：「你是謝先生喔！我一聽就知道，謝先生，你有沒有加入銀髮中心的 LINE 呢？」「有阿！所以才知道銀髮中心的徵才活動。」「以後我們很多的銀髮族就業活動或訓練課程，都會公布在 LINE 中，只要你看到喜歡的課程或徵才活動，就可來電報名參加。」望小姐非常客氣又熱情的告訴我這些訊息。

顯然現在社會受資訊科技的影響，任何政府部門或公司行號的資訊都已結合智慧型手機裡的 LINE 通訊軟體來傳達，更凸顯出銀髮族朋友們現在想要掌握日常生活中的大小事已離不開智慧型手機，智慧型手機已成爲身體的一部分，出門前若忘了攜帶它，鐵定今天會魂不守舍。所以銀髮族的朋友若想要再進入職場工作，學習如何使用新科技產品，已是必然的技能。

「對了！謝先生，美麗信花園酒店有舉辦銀髮族徵才活動，徵才內容有櫃檯禮賓接待、房務清潔人員，及服務中心行李員等職缺，你要不要報名參加呢？」望小姐很熱心地又告訴我這項徵才訊息，「好喔！麻煩您了。」接著望小姐又跟我說：「屆時會用簡訊通知你面試時間，記得接到簡訊通知時，要準時報到，若當日無法參加面試，必須來電告知，免得以後被列入黑名單，永不得報名參加。」「我會準時參加的，謝謝望小姐。」我用感恩的語氣回答著。

過了一個星期，勞動部銀髮中心傳來簡訊通知面試日期，以及注意事項。面試當天下午，我搭臺北捷運到忠孝新生站下車，便按照 Google 地圖的指引，約莫走了 15 分鐘到達美麗信花園酒店。這是我生平第一次來到這一間花園酒店，此時看一看手機上的時間，離面試時間尚有 20 分鐘，就很悠哉地步入美麗信花園酒店的大廳，獨自一個人坐在一個角落的椅子上，靜靜地觀察來來往往的旅客們，有的很匆忙、有的很歡樂、有的安靜地在冥想、有的在高談闊論，也有人正東張西望等著愛人來到，看見這一幕幕情景，讚嘆人生來到世上，「不就是客旅，不就是寄居，更應歡樂的過生活。」因此，我自個兒想著，若能夠被錄取來到這一間飯店工作一定有很多很多美麗的故事可以傾聽。

任何等候的時光總是飛逝而過，很快面試時間已到，我不知道酒店的會議室在哪裡，由於深怕遲到，便

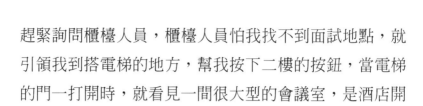

趕緊詢問櫃檯人員，櫃檯人員怕我找不到面試地點，就引領我到搭電梯的地方，幫我按下二樓的按鈕，當電梯的門一打開時，就看見一間很大型的會議室，是酒店開工作會議的地方，我就在哪等候接受面試。

一到二樓會議室，一群銀髮族朋友已坐滿整個會議室的椅子，我找到一個鄰近簡報臺的空位坐了下來，眼看四方，有些人靜靜地在等候，有些人則交頭接耳的在閒聊，我則安靜地等候人資主管來跟我們做簡報，聆聽他簡介美麗信酒店的歷史、設施，以及工作內容。

我坐的位置左邊剛好坐了一位 50 多歲的女士，我問她，您爲什麼還要來找飯店的工作做呢？這位女士說：「孩子都大了，已在外工作，嫌我這個老媽在家無聊、碎碎念，就鼓勵我再出來工作，我也到過勞動部銀髮中心上過飯店業的課程，因我對飯店業很有興趣，所以就來參加面試了。」原來每個人都沒有閒著，都有他（她）們的原由。

這時美麗信花園酒店的人資經理快步地走進會議室，對我們致歡迎詞之後，便開始他的簡報，除介紹美麗信花園酒店爲何要錄用銀髮族加入他們的工作行列的原因之外，也額外的分析美麗信花園酒店爲何停掉下午茶的原因。

以美麗信花園酒店爲例，「下午茶時間，原本是一群軍公教退休的人員，上午爬山健走後，來此休息喝下午茶，自從政府推行軍公教年金改革之後，下午茶的生意就變差了，乾脆就暫時不營業。」那段期間，臺北市飯店有下午茶的僅剩下晶華酒店、喜來登酒店等幾家五星級飯店還在經營，其餘飯店下午茶生意變得很差很差，甚至有些飯店跟美麗信花園酒店一樣，就暫時不經營下午茶了。

若從經濟學的角度而不從政治的視野觀之，當軍公教退休的人員收入突然變少，受心理層面的影響，肯定會降低消費支出，一旦軍公教退休人員爲減少不必要的開支，到飯店消費的各項經濟活動也會變得較以往不活絡，飯店業下午茶的生意當然就會受到衝擊。

聽完了人資經理給我們這群銀髮族的簡報之後，便開始分組面試。我選擇了服務中心行李員的職缺面試，面試官剛好是人資主管，人資主管問我說：「你爲什麼要來應徵這個職缺呢？」我回答說：「爲了體驗人生啊！」人資經理接著說：「可是你有博士學位，未免大材小用呢？」「蝦米，銀髮中心有提供我的學歷給您們喔！」「對呀！要不要我幫你推薦到大學去兼課呢？」「不用！不用！我之前已在大學兼課十六年之久，剛剛才辭去某大學的兼課工作。」「你都已經 60 歲了，我們酒店的工作，怕你做不來」「你們不是要找銀髮族的人來工作嗎？」「我還是覺得你到我們酒店上班會大材小用，這樣好了，我請櫃檯禮賓接待部門的主管來見你，看她願不願意錄用你。」我很感激這位人資經理對我的賞識，以及他的工作態度，就順口回答說：「好的，謝謝！」。

這時美麗信花園酒店的人資主管從面試桌的椅子上站了起來，並且非常有禮貌的，帶我到餐廳的一個角落，請我坐下，接著跟我說：「謝先生，你先在這裡坐一下，待會櫃檯禮賓接待部門的主管會來跟你聊一聊。」

約莫過了 3 分鐘，有位穿著黑色制服的年輕女士從餐廳的另一方走了過來，向我說：「謝先生你好，我們人資主管要我來跟你談一談，聽說你有意願在櫃檯禮賓接待部門服務，可是我們部門目前沒有缺白天的班，只有晚上 10 點以後到隔天早上 7 點的大夜班，這種晚班你體力會受得了嗎？另請問你家住在哪裡呢？」我回答說：「我家住在淡水，白天我要用三餐並照顧年邁的母親，晚上 10 點以後應該沒問題。」「喔！從淡水到美麗信酒店似乎有一點遠。另外，我們大夜班也要做一些有關結帳的財務作業，你可以嗎？」「沒問題，我也有會計和財務的背景，以前做過會計和出納的工作。」「好的，我們就先聊到此，等候我們的通知。」這位美麗又有氣質的女主管，因另有要事要處哩，就站了起來，我也跟著站了起來，我向這位女主管說了一聲謝謝之後，她往辦公室的方向走去，我則往酒店的大門方向走了出去。

像極了分道揚鑣……

一個星期過後，依舊沒有接到來自美麗信花園酒店人資部門的消息。我就主動打電話到勞動部銀髮中心給負責招聘美麗信酒店銀髮人員的陳小姐說：「有沒有我錄用的消息呢？」陳小姐語調柔和又客氣的告訴我說：「謝先生，很抱歉，美麗信的人資經理說：你的學歷太高了，在他們酒店上班，那可眞是『大材小用』，他想推薦你到大學兼課」。「哈哈哈！請問陳小姐，您是不是把我的最高學歷報給他們呢？」陳小姐說：「是的，我們必須這麼做，眞實的告知。」我回答：「我知道了，以後學歷這一欄位不能眞實寫，否則很難找到工作。」這時電話那邊傳來陳小姐的一陣笑聲。

當時我在銀髮中心有報名應徵頂呱呱公司，以及五花馬公司，也都面臨同樣的「大材小用」的問題，面試後，都沒有被錄用。

幾天過後，我的手機裡頭傳來了望小姐熱情的服務聲音，望小姐是原住民，天生樂觀，爲人熱情，會主動將銀髮中心舉辦之演講、徵才活動，或是訓練課程跟有意願進入職場工作的銀髮族朋友聯繫和服務。

她說：「謝先生，8 月有個餐飲服務課程，你要不要來聽看看，是由吉野家的一位經理來上課，屆時上完課，說不定你就可以直接到吉野家上班。」我回覆：「喔！謝謝您，那麼麻煩您幫我報名了。」「謝先生，我已幫你報好名了，記得要準時來上課，最好都不要請假。」望小姐一邊跟我講電話，一邊已在銀髮中心的電腦上幫我報好名了。

我也好久沒當學生，及向學有專精的人士學習新知了，內心一直期待這一天的到來。過了二個星期之後，好日子終於來到。在上「餐飲服務訓練課程」那幾天，我每次從淡水搭捷運到永安市場站下車，約步行 5 分鐘抵達永和區自由街的銀髮中心。來上課的銀髮族朋友，總計 16 位，只有 2 位男士，其餘均爲女士，這時我內心思忖著，怎麼銀髮族女士那麼喜歡出來找工作呢？爲的是什麼呢？是家庭經濟因素嗎？是無聊嗎？是婚姻不幸福嗎？還是爲著存在感或是成就感呢？也許這些因素都有，但為何這個餐飲班，銀髮族男士來上課的人數這麼的少呢？是因為銀髮族男士退休得晚嗎？或是愛面子羞於找工作呢？或者是餐飲服務較不適合男士嗎？我缺乏統計數字，不敢亂猜測。

「學員們上課了。」這時銀髮中心的承辦人與主管走進教室，簡單的介紹銀髮人力對臺灣經濟發展的重要性之後，就開始這個餐飲服務課程。此課程如望小姐所說的，邀請吉野家訓練部門的蔡經理來授課，蔡經理在課堂上一開始就拿電影「高年級實習生（The Intern）」當作例子，鼓勵我們這一群銀髮族朋友學習電影中的男主角班・惠塔克，他 70 歲再進入職場工作，接受新的人際關係，趕上新的潮流，讓人感到不老。

男主角班・惠塔克曾說了一句很發人深省的話：「音樂家不會退休，直到心中沒有音樂才會停止，只要心中有音樂就有熱情，對人生對工作都是如此。」

說實在的，這句話也真的觸動了我的心弦，我認為來上課的每一位銀髮族朋友的內心，或多或少都被深深地激勵到。

而女作家蘇岑也說過：「衰老，是一個好奇心逐漸喪失的過程。」歲月當然是會讓人逐漸衰老，但如果內心失去激情，靈魂也會變得蒼老。

蔡經理在課堂上講述與分析臺灣人口問題與餐飲業景況的內容和題材非常寫實精彩，這與他在吉野家的實務經驗與歷練有很直接關係，蔡經理分析道：「臺灣出生率逐年下降，已是亞洲出生率最低的國家，三十年前，臺灣每年出生人口還有 30 萬左右，現在出生人口每年不到 19 萬，也導致許多私立大學也開始招收不到學生，以及造成現在及未來臺灣年輕勞動人口的嚴重不足，必須由銀髮族人口來填補這一缺口。由於臺灣企業接受銀髮族二度就業的觀念尚未形成共識，錄用比率仍舊過低，不若美國和日本那麼普遍。我們吉野家是一家日本公司，較能夠接受銀髮族朋友來店裡上班，我們有許多分店目前還有 60、70 歲以上的銀髮族工作夥伴，他們有些從公家機關退休後，就一直工作到現在，甚至有幾家店已變成家族企業，店裡頭的工作夥伴都是自家人。另外，我們公司為了吸引銀髮族朋友加入我們的工作行列，公司特別把 POS 系統介面的點餐文字加大。」

聽了蔡經理的簡要引言，讓我感受到他對臺灣服務業市場的憂心與高瞻遠矚，以及吉野家對銀髮族朋友溫馨的一面。

蔡經理爲了讓上課的學員能有所收穫，特別開闢一個有獎問答時間，蔡經理說：「只要被問到的學員有回答到問題的核心，就送吉野家禮券一張。」我也是幸運兒之一，被蔡經理看中，問了我一個問題。蔡經理提問說：「謝先生，我請問你一個問題，在餐飲業一般分外場的打掃清潔、中場的點餐與訂餐，以及內場的餐點製作，這三項工作場合，哪一項較爲重要呢？」「我腦筋思索了一下之後，即刻回答，外場最重要。」蔡經理臉上顯出驚訝的表情問我說：「爲什麼？」「因爲外場是門面，消費者第一時間可感受到用餐環境的清潔、服務人員的服務態度，以及消費者對餐點的滿意程度。」我很有見地的回答蔡經理的問話。

「謝先生，你回答得非常好，通常我在課堂上請教學員這個問題時，很少有人回答是外場最重要，大都數人都回答內場最重要。」沒有錯，內場的餐點製作品質的好壞，以及中場點餐速度的快慢，也是吸引消費者再次光顧的原因之一，但外場餐桌與地面及廁所的整齊清潔，以及消費者用餐過後，碗筷餐盤的整理與桌面上的清潔，可說是消費者對這家餐廳的第一印象；而服務人員在外場若能夠與消費者之間有著友善的互動，也是另一種最接地氣的感受。

接著蔡經理在談到吉野家的展望時說：「我們公司10月（2019年）準備在淡海新市鎮展店，地點約在新市國小附近。以前吉野家也派我到中國福建展店，我在中國那段期間，對人員的訓練極爲用心，讓中國吉野家的店很快步入正軌，沒多久，該店的營業收入就有盈餘了，算是成功展店。但吉野家在臺灣唯一沒有展店的地方就是臺東。」我好奇的問，「爲什麼？」「因爲食材的宅配距離太遠，會影響到食材的新鮮度。」蔡經理一臉無奈的回答我的問題。

「報告蔡經理，我目前就住在淡海新市鎮，若吉野家10月份要在淡海新市鎮展店，我可以到那家店上班嗎？」。

蔡經理沒有正面告訴我「可以」，卻用另一種方式跟我說：「下星期的課會移到吉野家的天津店上課，屆時你來找我塡寫一些資料。」「不過，我下星期要到內蒙古旅遊6天，無法到天津店上課。」「那麼你旅遊回來之後，請打電話到天津店找我，再跟我約見面時間。」我聽到「約見面」這句話極爲喜樂，馬上跟蔡經理說聲，謝謝！

2019年8月這個內蒙古的旅行日期，早在2018年底時就已被敲定，是由一位退休精神科大夫的太座組團的，這一團的團員年紀，我太太最年輕（當時才 56 歲），年齡最大者 80 歲以上者有 3 位。惟這旅遊團的團員目前還有一半以上的人仍在職場上工作，有些自己當老闆、有些在大學兼課、有些則在醫院或餐飲服務業兼差。由此可見，我們這一群銀髮族朋友大多數仍退而不休，仍在爲人生下半場的黃金歲月創造剩餘價值。因爲讓人衰老的，從來不是年齡，而是心靈。

我也很喜歡在人生下半場時仍有一份工作可以付出，像「高年級實習生」班・惠塔克一樣。因此，在內蒙古旅行回臺灣的當天，就即刻寫 LINE 跟蔡經理約面試時間，見面當天，塡寫履歷表時，因有前車之鑑，我特地隱藏自己的最高學歷，只塡寫大學學歷。果然，就順利應徵上，隔天吉野家人才招募中心的人員也很快通知我到醫院健檢，一週之後，就被通知到吉野家的淡水店實習了。

Note

第 3 篇

進入吉野家改變思維

Attitude is a little thing that makes a big difference.

——Winston Churchill

1. 上班的第一天

要到吉野家淡水店實習的前一天，又再次接到吉野家人才招募中心承辦人王小姐的來電通知，「謝先生你好，請於明天 9 月 15 日早上 9 點 45 分到淡水店報到，請記得要穿黑色褲子、襪子，及黑色膠鞋，尤其指甲一定要修剪。」這些要準備的物品，我早已購買，指甲也在前一天就修剪好了。

9 月 15 日這一天，我很準時的抵達吉野家淡水店，前腳一進店門口，馬上就聽到一聲「歡迎光臨」，走到櫃檯輕聲地告訴櫃檯人員，我是首次前來上班的新人，櫃檯有位女店員用手勢指引我往餐廳的後面直走，推開門就被引導到休息室等候。當天店長有事不在，請代行者（按：店長不在店上班，請其代理行政業務者，稱之代行者）協助接待與簡介，代行者看見我說：「我是代行者，叫我小柏即可，聽說你是軍人退休的？」我沒有回答，僅點一點頭。小柏便交給我二張 A4 的紙和一塊名牌之後對著我說：「這二張紙的內容要仔細看一看，有一張是教你客人到店裡時，怎麼跟客人打招呼之用，另一張是點餐表，客人點餐時，如何正確地喊餐，回報給廚房工作人員之用，內容要背熟，才懂得跟客人介紹餐點內容，改天我要考一考你如何喊餐，以及客人進門時如何喊歡迎詞的口吻。」小柏簡要的說完這些話之後，就請來一位已在吉野家工作的女工讀生（名叫郁敏）來教我如何著裝，及做外場工作。

這位女工讀生，淡江大學日文系大三的學生，已在吉野家淡水店工作兩年多，她外場、中場，及內場的工作都了解且有實際經驗。但當我目視她臉上的雙眼，顯得有點張不開，精神也彰顯不出年輕人的活力樣子，有可能與現在的年輕人晚上很喜歡玩手機，看影片或玩手機遊戲到半夜，因晚睡的關係，所以上早班精神有點不繼，有那種很想睡覺的感覺。

「謝大哥跟我來，我教你怎麼著裝，你的上衣可選擇 L 號，帽子 M 號可能較適合你頭的 size（指尺寸、大小），圍裙上的吉野家三個字要置於左邊，圍裙兩邊的線條穿過兩個環圈，然後交叉綁成一個蝴蝶結，名牌夾在右胸與上衣第二個扣子切齊，然後再到廚房拿白色口罩戴上。」這是這位工讀生郁敏教我著裝的過程。而這位女工讀生叫我謝大哥，令我非常高興，因為「謝大哥」這個稱呼讓我變年輕了。其實我的年紀當她父親已足足有餘了。

「謝大哥請再跟我來，早班是 10 點上班，到店裡來首先要先檢查置於顧客用餐區置物櫃上的七味粉罐、紅薑絲罐，及辣椒粉罐的內容量是否不足，需要填加，以及罐子裡外乾不乾淨、紙巾盒內的紙巾夠不夠顧客使用，接著再去巡視廁所或洗手檯是否乾淨？檢查完畢之後，緊接著掃地和拖地，以及擦拭餐桌椅。還有洗碗盤和湯匙與筷子也是外場的工作項目。」郁敏向我說明及介紹這些工作的內容與職責之後，就開始我在吉野家的第一天工作了。

不過，郁敏她對我所介紹的外場工作內容，並沒有說明我要如何與顧客互動這一件事。其實，與顧客有著良好互動是外場很重要的一項任務，它是一項軟性工作，可蒐集到來自顧客的第一手資訊，例如：對餐點美味與衛生的看法、對用餐環境氣氛與清潔看法等資訊，藉以提供給吉野家公司作爲改革、改變或更新作法等決策的參考。

9 月 15 日這一天就是我進入餐飲業工作的首日，從懵懂不知的外場工作開始，沒有人實際教我如何洗碗盤，我的洗碗盤方式，及打掃廁所方式都按照我在家裡的方式在實作。然而在廚房洗碗盤時，內場的工作人員有時也會藉機教我如何操作洗米機洗米、如何煮飯和移飯到保溫鍋、如何泡冰紅茶與清洗紅茶機、如何煎雞排、如何煎燒肉、如何作親子丼、如何炸柳葉魚、如何炸豬排和薯餅、如何炸唐揚雞塊、如何煮味噌湯、如何製作野菜和菠菜，以及如何裝填燒肉盒與牛肉盒等等這些內場基本工作。

我在吉野家工作的第一天，就是如此的充實，也是如此這般的疲勞轟炸。

2. 向年輕人學習與「錯中學」

來到吉野家淡水店打工，內場工作的人員之中有位工讀生名叫品源，最喜歡教導新進人員，由於他的熱心，我較能快速的進入狀況，尤其是內場工作，一開始，他就先教我怎麼洗米及移飯，他邊做邊教我說：「米飯在煮飯鍋煮熟後，要先等待 20 分鐘，再移飯到保溫鍋，移飯前可先在煮飯鍋的米飯中畫上一個十字，這樣用飯瓢剷飯到保溫鍋時，會比較順暢不會掉米飯。」

等到主廚那一邊保溫鍋的飯快用完時，品源馬上叫我移飯。我先放下手邊洗碗的工作，第一次按照他的方法移飯，但是當要將煮飯鍋裡的飯一瓢一瓢的鏟到保溫鍋時，還是不熟練，光是雙手要抬起整個電鍋的飯盤就很吃力，加上煮飯鍋裡的水蒸氣把我的眼鏡霧到看不見，要拿掉眼鏡才看得見米飯，也才能鏟飯到保溫鍋中，又加上我右手有五十肩（按：肩關節囊裡面沾粘住），抬起飯盤時，在某個角度是會疼痛的，不過還是忍痛完成移飯的動作。

在來吉野家上班之前，我的五十肩已經疼痛了一年多，也看過西醫和中醫，但都沒有很大的改善。有一次，我煎完雞排，要用鏟子剷除煎板上的油漬與滯物，我特別以左手使力來剷除油漬物，代行者小柏看到此情況，還特別問我說：「謝大哥，你怎沒用右手使力呢？你是左撇子嗎？」「小柏，不是的，是我右手患有五十肩，用右手使力會很疼痛。」我語氣柔和的回答小柏的問話，而我自己也希望能藉著雙手不停的活動能醫治好我的五十肩。

這些工作大約實作了一個星期之後，發覺體力眞的有點吃不消，因爲平時很少有連續要站著和不停的走動這麼久過，還好剛開始店長只排我每天工作 4 小時而已（中途有休息半小時），若一開始要我上 8 小時，可能體力無法負荷，這與平常缺乏磨練有關。然而工作二個星期之後，我眞的有點體力上的負荷，腰酸背痛的，還偷偷的去藥局買撒隆巴斯貼布來貼腰身，甚至去按摩店給師傅按摩，這件事我也不敢讓老婆大人知道，怕她憂心，就默默的承受身體上的疼痛，把它當作是一種體力的訓練，及耐力的磨練。

有一天來到平日的下午約 3 點鐘左右，藉著來店用餐的客人較少的時段，代行者小柏請我到中場的櫃檯機旁，問我會不會使用櫃檯機裡的 POS 系統，我很直接的回答說：「不會。」「好的，我來教你如何使用。」

我來到櫃檯機旁，代行者小柏就在 POS 系統上很快速的操作一次給我看，我都還未看懂操作的過程，代行者小柏就跳到另一流程，他也不問我看懂了沒，也沒有讓我有練習操作的機會，就結束教學了。也許他認爲很簡單，看了就懂，也許他不懂得教學，不知道怎麼跟我說明，也許他沒有耐性教我這位銀髮族先生。我只好偷偷利用春滿姊負責中場工作，爲顧客點餐服務時，在旁學習，有時也請春滿姊教我怎麼使用 POS 系統爲顧客點餐。春滿姊是位中年婦女，年紀小我太太 3 歲，在吉野家工作已近二十年，個性溫順，很樂意教我，也許我跟她生在同一個年代，思想較接近，也很傳統，較好溝通。所以我就利用來店客較少的時段，使用吉野家提供的 POS 練習系統，自行演練，不懂就請春滿姊教我，也默默地自行練習喊餐，例如：喊中 1（表示：牛丼內用中一碗）、大 1（表示：牛丼內用大一碗）、便當中 1（表示：牛丼外帶中一碗）、便當大 1（表示：牛丼外帶大一碗）等等餐點，接著收現金、使用信用卡或者是使用悠遊卡結帳。最後春滿姐還教我在交接時，如何使用 POS 系統從事現金結帳，盤點當日營收，若現金帳目不符，需自行賠錢。事實上，我會使用 POS 系統替顧客點餐服務，以及如何使用收銀機結帳與盤點現金，完全是春滿姊教會我的。

除此之外，我在廚房從事洗碗盤工作時，來了一位英俊帥哥名叫小 Q 的工讀生，他在吉野家淡水店已工作了十六年之久，問我說：「謝大哥你會不會清洗這臺洗碗機呢？」「我不知道怎麼清洗呢！」「來，我做一遍給你看，首先，先關掉電源，再把洗碗機檯面拉高跟固定，接著把洗碗機裡頭的零件一個一個拆解下來放在水槽裡面，用洗潔精加水一起清洗，而洗碗機的內部也要使用清潔劑擦洗。清洗過後，再依序把零件裝回去，再蓋上洗碗機的蓋子，接著打開電源，這樣洗碗機就清洗完畢。」小 Q 很有耐心地教會我如何清洗洗碗機。若他不主動教我如何清洗洗碗機，我也不知道每天要把洗碗機清洗一遍。

小 Q 個性溫良恭儉，除了作事勤勞、主動、認眞，及從不遲到外，更喜愛主動幫助同仁，輪到他代行店長的行政業務時，也沒有哪種官僚作風。有一次在休息室休息時，我問他，「小 Q 你想不想創業呢？我看你在吉野家工作任勞任怨，又有熱誠，我們一起創業開一家便利商店如何呢？因我曾經和我太太參加過全家創業開店的說明會，全家規定，年齡超過 55 歲就不能允許創業開店，我和我太太年齡已超過，無法在全家所提供的這個平臺系統內創業，要不要我們一起出資，以後你當店長，月薪給你 4 萬以上，每月分紅，這個薪水比你在吉野家打工的薪水多很多。」我是觀察到小 Q 做事認眞負責，又年輕、又肯付出才會主動與他商討這個創業構想，就請小 Q 回家思考！思考！並與家人商量看看，但後來小 Q 經過思考之後，還是選擇在吉野家的工作，我個人覺得好可惜。也許他認爲現在便利商店太多太多家了，已無利潤可圖，但我認爲隨著科技的不斷進步與商業營運模式的不斷創新，便利商店應該還有成長的空間。

在吉野家淡水店工作期間，我主要以外場工作爲主，但有時代行者小柏會教我一些內場的工作，但小柏教我的方式，是採用「錯中學」的方式。有一次擺放在洗米機上面檯子裡的 10 包米用完了，小柏請我到庫房拿 8 包米過來擺放，我乖乖的就一下子抱了 8 包米過來，小柏看我一下抱了 8 包米，也就笑著對我說：「大哥，這樣太重了，可依序分兩次各拿 4 包米過來。」我把抱來的 8 包米先擺放在水槽邊緣放著，然後使用蠻牛之力一次將 4 包米就直接往檯子上一推，小柏看到了很緊張的說：「謝大哥，這樣很容易傷到筋骨，要一包一包的往檯子上推。來，我做一遍給你看，首先先把米包放平，然後往上拋到檯子上方，現在我一包一包的拋上檯子上擺放給你看，記得兩邊各擺放 4 包，這樣看起來就會很平整。」我就照著小柏教的方式，擺放另一邊的 4 包米。耶！作起來的確姿勢很優雅，擺放又很整齊。

又有一次小柏叫我學習從牛肉箱填裝牛肉到盒子上，每盒 0.3 貫，裝滿 8 盒，然後將裝填好的牛肉盒置放於冰箱內，並且告訴我要記得要戴手套裝填。「好的。」我從冰箱把牛肉箱抬出來，再拿起秤重置放於作菜檯面上，兩手戴好塑膠透明手套，將裝牛肉的盒子放在秤重上，每盒重量 0.3 貫。當我分裝好 8 盒牛肉盒之後，沒有脫下塑膠手套，就直接開冰箱準備將分裝好的牛肉盒擺放在冰箱的下層時。「謝大哥，不行，要先脫掉塑膠手套，不能直接摸到冰箱手把，否則冰箱手把會被感染到。」沒想到，小柏從頭到尾都在旁邊靜靜的觀察我所做的每一個動作，一有差錯，隨時從旁指正。

淡水店每天一到下午 4 點是進貨時間，而在北投店則是下午 3 點，進貨時除了雞蛋、洋蔥、青蔥、野菜、泡菜，及料理包等重量較輕的材料之外，其餘則以牛肉箱、豬肉箱、茶碗蒸，及袋裝的米重量較重。由於淡水店廚房的冰箱擺設均在一樓，小柏請我協助擺放時，移動這些材料到各個冰箱的距離較小，尚可負荷，但搬重的東西，體力還是有點吃力，剛開始作時，有好幾次腰是感到有點不舒服，差點腰無法挺直站起來。不過，我不好意思跟小柏說，還是撐了過去，反而經過幾次的鍛鍊之後，就愈來愈順手，不見腰痛了。

另有一次，我支援北投店，北投店賴店長剛好那天也在該店上班，到了下午 3 點進貨時間，因北投店有一半以上的冰箱（櫃）置於二樓，進貨時有些食材需從一樓搬到二樓的冰箱（櫃）擺放，當時有位工讀生請我搬食材到二樓冰箱（櫃）擺放，我正準備從一樓要搬一些較厚重的食材到二樓的冰箱（櫃）擺放時，賴店長一看到，馬上說：「謝大哥，這些東西及物品我來擺放就可以，你年紀大了，不要搬這些重的東西，免得閃到腰。」賴店長這種愛護年長者的憐憫之心，當時溫暖了我的內心。但年輕人的想法有可能不是這樣，會認爲，同樣是來打工的，不分年齡，無論輕重的工作都得做。

3. 打工沒有選擇工作內容的權利

然而來吉野家打工，我發覺外場的工作，是一般人或是來打工的大學生最不喜歡做的工作，總認爲清洗廁所、收碗盤、洗碗盤的工作較骯髒、不專業。有一次我到吉野家的北投店支援，因北投店人手不足，我常被淡水店的店長派去支援，記得當時來了一位要應徵Part Time的年輕人，外表高大，可能是剛出社會的新鮮人，他打工開的條件之一是，「他不用打掃廁所，才

要來上班」當然這位新鮮人就沒被錄取了。又有一次有位年僅 20 歲左右的女生也來應徵 Part Time 工作，因她曾經有在餐廳工作過的經驗，所以很快就被北投店長錄用，北投店賴店長請她先工作幾天，若能適應，就來當工作夥伴，沒想到她來工作了三天就不告而別，只因爲被北投店裡的一位大姊唸了她一下說：「來吉野家上班，內衣是不准搭穿長袖的。」請她回休息室換掉長袖衣服，此事讓她心裡感覺非常不爽，就自個兒上休息室換上便服也不打聲招呼就離職了。這位女生，我有與她相處過三天，每次上早班就聽她在抱怨，「爲何夜班的人每次湯匙、筷子和盤子都不擦乾，都要早班的人來收尾，他們拿錢又不做事，以後我也可以這樣做。」此事我也只能靜靜地聽她抱怨，對她所說的話，我又能夠評論些什麼呢？

又有一次，我支援北投店，代行者 A 君要我帶一位剛報到的新人從事外場工作。這位新人唸高職時，與學校某位男老師爭吵後就辦理休學，他曾在貴族牛排打工過，這位新人說：他在貴族牛排打工，也是從事外場工作，但貴族牛排的外場不用洗碗盤、拖地及打掃廁所，這些清掃的工作有專人負責。然而這位新人來了一天後，隔天就不來了，我也不知道原因，猜想應該嫌累吧！

我一直在觀察，吉野家的北投店人員流動率會如此的頻繁，問題不是出在店長人不好，而是與店裡頭有幾位資深員工不好相處有關。我在的淡水店裡頭，有位資深的正職人員春滿姊就曾經支援過北投店一次，回來後就跟淡水店的店長說：「她再也不要去支援北投店了。」聽她這麼一說：當時我是有點半信半疑，直到店長派我去支援北投店時，才感受到這幾位巨頭眞的不好相處，因爲他們很喜歡用說教、講道理的方式對待新人，稍不如他們的意，講話就很難聽，不尊重人，而不會把你當同事看待。後來也不知怎麼一回事，淡水店柯店長一直派我支援北投店，也許每次支援北投店之後，我不曾在淡水店長面前抱怨過北投店任何事情有關。

經過幾次的支援之後，我也慢慢地融入他們的工作情境裡頭，這樣的光景大約維持了三個多月。直到有一天，我看錯班表，原本上午 11 點的班看成是 10 點的班，9 點 45 分一到北投店時，看見代行者 A 君正在帶一位女士，教導她如何從事外場工作，代行者 A 君看到我很好奇地問，「謝大哥，你是不是看錯班，你是 11 點的班。」「是嗎？」我趕緊拿起手機再仔細看一次班表，哈！眞的是 11 點的班，代行者 A 君看到我已來上班，就把教導新人的工作交給我了。

這位新人名叫阿珠，曾在士林夜市擺地攤做小吃，因民進黨小英政府上臺後，受中共旅遊政策的影響，中國大陸遊客逐漸減少，衝擊了阿珠在士林夜市的小店生意，讓阿珠在家休息了一整年，由於在家快悶壞的關係，阿珠又決定出來找工作，應徵吉野家。這時阿珠很得意又輕聲地問我說：「吉野家給你的時薪多少呢？我跟你說：我跟吉野家談的工作時薪比一般人還要高喔！」「是喔！妳一定有餐飲的實際經驗，才能談到好薪資。」我這麼一說：阿珠喜孜孜的覺得自己好驕傲。

我跟阿珠說：「北投店常留不住人，店裡幾位巨頭不好相處，你要撐得住。」「謝大哥，我都這把年紀了（其實她比我年輕 11 歲），見過的世面比他們多，沒問題的，我可以一直做下去的。」「謝大哥，我跟你加個 LINE，以後有什麼事，我就可以請教你。」阿珠再次信心滿滿的對我說。

阿珠因爲曾經在夜市擺過地攤，所以做起外場工作非常敏捷快速，但因夜市擺地攤很少用到 POS 系統，這方面經驗不足，但她卻非常樂意學習。

然而在疫情期間，淡水店也常接到一些樂齡朋友的來店應徵，詢問來吉野家工作的相關事項。有一天，我在吉野家淡水店上中班時段的班，遇見一位年齡約50出頭的李女士，她剛到店裡頭來實習，我很好奇的問她，怎會想再找一份工作做呢？她說：「因疫情的關係，原來上班的公司放無薪假，所以就來應徵吉野家上晚班。」我接著問她說：「你爲什麼要應徵吉野家的工作呢？爲什麼要應徵晚班工作，而不應徵白班的工作呢？」「因吉野家是日本公司，比較有制度，而晚班工作來店客比較少。」她這麼說也有一點道理。

此時柯店長就請我帶領她認識環境，並學習作外場的工作，首先我先帶領她到男用與女用廁所，告訴她清掃廁所時須注意的細節，接著告訴她打掃用餐區時須注意哪些事項，最後引領她到廚房的洗碗區，實際洗碗筷讓她觀摩。當天晚上就讓李女士學習做這三件工作。

隔天李女士的工作除了從事外場工作外，亦請櫃檯人員教她如何使用 POS 系統，同樣也一步一步的教她一些內場的工作。但李女士工作了幾天之後，竟然提出要求，「她只要做櫃檯的工作就好。」其他的外場與內場的工作，她不想做。可是從事夜班工作的人員必須外場、中場、內場的工作均需要會處裡。

在店裡實習幾天之後，店長開始排李女士上夜班，然而李女士上了幾天班就開始出狀況，有時候說：「照顧母親太累了，今晚無法上班。」「又有時候說：目前人在臺北，因塞車會晚點到公司上班。」等等理由，讓店長不勝困擾，最後店長只好請她辭職了。

在吉野家工作，基本上外場、中場、內場的工作均需要學習，因為這有助於人力彈性調配，若工作人員只會單一一項工作內容，將無法提升工作效率，甚至影響整體運作，所以我認為，「在吉野家打工是沒有選擇工作內容的權利。」

4. 化解與代行者爭執

阿珠來北投店工作的這一天，天氣特別好，也剛好遇到北投溫泉祭，來店裡用餐的顧客雖有受中國武漢肺炎（COVID-19）疫情的影響，但外帶的人數比起內用的人數多了許多。代行者 A 君不清楚阿珠剛來上班，對 POS 系統和備餐還不很熟悉，請阿珠下來做中場的工作，我去做外場工作，然而突然間，中場工作的人員忙不過來，有點紛亂，又臨時請阿珠上樓做外場清潔餐桌椅及收碗盤的工作，通知我下來到一樓點餐櫃檯區做中場的工作。

這時候紛爭的事情就這樣發生了，代行者 A 君看見我下來，就用責備的口氣問我說：「誰叫你上樓做外場工作的呢？」我說：「是你請櫃檯同仁傳話叫我上樓收碗盤的。」「我叫你上去，你不會請別人上去？」「你叫我上樓去做中場工作，我怎敢不去呢？」我語氣平和地回覆代行者 A 君的話，但代行者 A 君卻仍用責備的口氣這樣地對我說：「我是在教你呢？你還敢說話？」這時我有點不以爲然代行者 A 君的回話內容，就再次用很平和的語氣跟代行者 A 君說：「請你不要再說了，我們趕快工作吧！」他竟然又同樣的說：

「耶！我是在教你呢？」我眞不懂他在教我什麼，便語帶怒氣的口吻說：「請不要再說教了，你再說，我可要大聲，對你不客氣了，你是沒看過我生氣的樣子嗎？」他還繼續說：「我是在教你呢？」「你這叫做在教我？你叫我上二樓收碗盤，我可以不聽從嗎？可以隨便指揮別人上去做外場工作嗎？你這叫做在教我，你實在……」我很不客氣且用嚴厲的口吻對著代行者 A 君大聲說了這些話。我這麼一說，代行者 A 君很不客氣的直接對我講了這一句話，「你不做，現在就給我滾蛋。」這時我沉默冷靜了幾秒之後，只好放下身段，平靜的對著代行者 A 君說：「對不起！對不起！謝謝你教我。」

可是他還是一直講這句話：

「我是在教你耶！，謝大哥。」

爭論到這裡，我內心也只能暗自搖頭，他眞是自己無理也要說到自己有理的人，怪不得北投店老是留不住新人。但回到淡水店，我不喜歡再製造問題，就沒將此爭執的事回報給柯店長。

之後，是不是吉野家公司的政策也做了些修正，我再也沒有被安排到北投店去支援了。但巧合的是，這事情過後沒多久，淡水店的柯店長就從淡水店挑選了 2 位訓練有素的工讀生，固定在北投店工作了。

過了一個多月，我突然心血來潮，就寫 LINE 問阿珠她在吉野家北投店的工作情況如何？讓我驚訝的是，阿珠竟在 LINE 中回覆我說：「謝大哥，對不起，我第二天就離職了。」「請問是什麼原因呢？」阿珠就是不說，只在 LINE 中寫說：「因在外另有其他工作要做……。」

記得阿珠曾跟我說過，她跟淡水店柯店長交情很好，有一天我在淡水店遇到店長時，就特別的詢問店長有關阿珠離職這件事，店長也隱約地說：「她的離開與代行者 A 君有關。」聽到店長的這句話，我也沉默下來，不再詢問下去了。

那段期間，北投店一直在徵人，但都留不住人，當時的北投店賴店長也常這樣問駐在北投店的代行者 A 君說：「爲什麼呢？」。

我認爲，可能是在同一家店工作久了，缺乏成就感，而且一直重複作同樣的事，熱誠與同理心或許已慢慢消失了。

5. 支援中央店發生的糗事

來到吉野家工作逾三個多月，有一次淡水店柯店長排我支援中央店上班，中央店也是她負責經營的店之一，位於北投國小的大門口對面，因地緣的關係，來店消費的客人數量不若淡水店那麼多，外賣平臺系統也只有 Uber Eats，沒有 foodpanda，營業時間只到晚上 9 點。這一天我負責中場的點餐與備餐工作，因來店用餐客人數不會像淡水店那樣來勢洶洶、大排長龍，而是像細水長流一樣，所以我一個人用起 POS 系統點餐，外帶或內用、收錢找零，以及使用信用卡和悠遊卡結帳，可說如魚得水一樣的悠游流暢。

Uber Eats 外賣系統鈴聲響了，我用手指點起 Uber Eats 的平板螢幕，螢幕中顯示，牛丼 1、C 套餐（毛豆、味噌湯），便拿起麥克風喊餐：便當中 1、味噌 1，廚房接到訊息，不到 3 分鐘就完成餐點，我也從冷藏櫃拿起毛豆與味噌湯置於黑色的杯架上，備好餐裝進購物袋中，也在購物袋上用簽字筆寫上訂餐編號，等候 Uber Eats 外送人員來店領取餐點。

平常我在淡水店工作，中場的工作幾乎是由幾位特定同仁在負責，我是很少有機會作中場的工作，而來到中央店，剛好有此好機會讓我貼近櫃檯，負責中場工作，趁此機會再次熟悉 POS 作業系統與櫃檯作業。由於在中央店來店用餐人數比起淡水店少很多，使用和操作 Uber Eats 外賣系統不若淡水店那麼急迫，很適合我這個 60 多歲銀髮族的節奏，可以用緩慢速度、精確的手指使用 POS 系統點餐，惟過去在淡水店不常使用 Uber Eats 外賣系統平臺，經驗較不足，又加上一切點餐過程太平順了，沒有碰過難題，也就沒有察覺到 Uber Eats 外賣系統裡的點餐內容的完整性，只看螢幕頁面第一頁的點餐內容，沒有往下滑動瀏覽下一個頁面。因此對關渡某家企業的某個部門在 Uber Eats 的外賣平臺點了 24 份各種不同套餐，完全沒有察覺到，所以只向廚房喊 1 份外送點餐內容。

可是這 1 份裝好在袋子裡的餐點一直擺放在櫃檯邊，我也沒有質疑它的存在，約 1 個小時過後，Uber Eats 的外送人員才來取餐，當時我內心也一直懷疑為什麼要這麼久才來取餐，餐點恐怕都涼了。但當 Uber Eats 外送人員取餐時，拿了就離開，也沒跟我核對餐點的內容。過了 15 分鐘左右，我的店長突然間接到客訴電話說：「我們公司點了 24 份餐，怎麼只送來 1 份餐呢？」店長被這樣問，代誌大條了，馬上請一位資深員工來到 Uber Eats 的點餐系統查證，果然少給了 23 份餐點。

「廚房，趕快做 23 份餐點補送給那家公司！」店長沒有大聲地指責我的不是，反而親自下廚與內場工作人員迅速快捷的在 30 分鐘內完成 23 份餐點，裝好袋子後，就趕緊騎著摩托車，並請廚房另一位女工作人員小玉，跟她一起送餐點到關渡那家公司。此時，外面正下著冬天的雨水，自己的出錯，竟然要別人來承擔我的過錯，過了 1 個小時後，店長與小玉送餐點回來，我一直向著她們說道歉，但店長也沒有指責我，只笑笑地跟我說：「以後要多細心一點。」

事後我內心非常非常的愧疚，下午 4 點下班後，先在櫃檯收銀機裡的 POS 系統按下今日結帳鈕，盤點我負責的時段，現金收支是否相符，現金盤點結果完全 ±0 之後，便交接給 4 點接班的同事。即刻轉身上樓到休息室換好衣服，走出餐廳大門，特地到中央北路的 85 度 C 購買了 3 杯拿鐵與 3 份蛋糕親自拿到辦公室請她們享用，並再次向店長及當天上班的同事賠個不是。

在搭捷運回家的路上，我心裡想著，為什麼 Uber Eats 的外送人員當時不馬上跟我說：「少了 23 份餐點呢？」。為此事，我特地請教了其他外送人員，才恍然大悟，外送人員他們接一張單裡頭，若只訂購 1 份餐點的外送服務費與接一張單裡頭訂購 24 份餐點的服務費是一樣的。

事情經過一段時間之後，有一天，我特別問柯店長那件我擺烏龍的事，她說：「我那天被他們罵到臭頭！」聽到柯店長的這句話，我更無地自容。更讓我感動的是，中央店裡的員工小玉私下跟我說，當天柯店長還特地購買了 24 杯飲料向他們賠不是。

6. 店長與經理教導正確作業方法

淡水店柯店長來店裡上班的時段，我不一定會碰到，因她有時也會在北投的中央店上班，柯店長她負責管理這兩家店，所以分別在兩邊上班。有一天我在淡水店剛好與店長上同一個時段的班，店長看到我洗碗的方式，很輕聲細語地在我的旁邊說：

「謝大哥，洗碗盤時要先把水槽裝滿半桶溫水，洗碗盤是用海綿刷洗，不是用菜瓜布，使用菜瓜布洗碗會破壞碗內部的磁器表層，菜瓜布是用來洗鍋子的，還有洗杯子要用科技泡綿刷擦洗，這樣才會把杯子上的茶垢與唇膏擦掉。」

哈！我做這些事已三個多月，竟然沒有人指正過我，店長這樣一說：我也覺得自己長知識了，活到60幾歲，才知道這些方法，回家之後也跟老婆大人說：「洗碗時要改用海綿洗，洗瓷器的杯子也要改用科技海綿。」

有一次，我在內場移飯，首先打開飯鍋蓋，接著在整鍋熱騰騰的米飯的邊緣用飯匙先畫上一個圓圈，讓米飯與飯鍋分離，緊接著到飯鍋的米飯中畫上一個十字，以方便煮好的米飯能順利用飯匙撥到保溫鍋裡頭。店長看到我的作業方式說：「謝大哥，不能在煮好的米飯畫上十字，這樣會破壞……。」「我以爲畫上十字，是要先禱告的意思。」「哈哈哈，不是……。我示範一次給你看，用飯匙在飯鍋的右上角慢慢把飯剷下來，再撥到保溫鍋裡頭……。」

至於談到使用洗米機洗米這一件事，這位教我如何使用洗米機洗米的同事，只教我要洗米之前，第一要先讓裝米的桶子能被洗米機的 sensor（感應器）感應到，這樣才能啟動洗米機洗米，第二要打開洗米機的蓋子，檢查是否有水注入，若有則再把洗米機的蓋子蓋好，這樣洗米機就會自動洗米。洗好米之後，洗米機會自動將洗好的米注入裝米桶內，這樣就完成洗米的作業，但爲了衛生起見，須把裝米桶的蓋子蓋上即可。

每次我用洗米機洗好米之後，就只有蓋上蓋子，接著就去做別的事情了。有一天店長看到此情況，很親切地過來告訴我，「謝大哥，洗好米之後，一定要在裝米桶的蓋子上寫上時間，譬如：現在是晚上 7 點，那麼蓋子上要寫的時間，就是往後寫 1 個小時，則是 8 點」。

「爲什麼要如此做呢？」我好奇的問店長，「因爲洗好米之後，若置放超過 1 個小時，沒有點火煮飯，這桶米是會變酸的，米也容易軟爛，爲維持煮出來的米飯

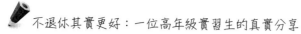

Q 彈、米心熟透的品質，只要洗好米擺放超過 1 個小時，無論如何一定要把這桶米放到煮飯鍋裡去煮。」柯店長像一位老師傳般的回答我請教的問題。

若說到如何使用煮飯鍋煮飯，教我的同仁有實際操做一次給我看；首先在煮飯鍋的開關，左按兩下，右按一下，再將左邊的紅色按鈕往上拉起，就可點火煮飯。這個動作我已做了快一年，從沒有人指正我的錯誤，只是有時候煮飯鍋沒有點著，有瓦斯飄出來非常難聞，但再等一會兒再點，就點著了。有一次店長請我煮飯，我就按照原先同仁教我的方式點飯，但沒點著，被店長看到我錯誤的點飯方式，馬上跟我指正說：

「謝大哥，點飯的方式不對，要左邊按一下，接著右邊按一下，再來左邊再按一下，火點著了，再將紅色的按鈕往上拉，這樣才是正確的使用煮飯鍋點飯方式。」

經過這次店長的指正之後，每次煮飯使用煮飯鍋的開關就順心許多，內心也不再害怕點飯了。這叫做：操作方法對了，做起事來才不會心怕怕的。

有一次我被派到吉野家石牌店支援，當天負責中場 POS 系統的點餐工作，來石牌店用餐的顧客不像淡水店那麼多，因淡水店的顧客有時候一來就是 7 或 8 位，一個人有時候是忙不過來的，所以在石牌店做起中場工作較能得心應手，但我最怕顧客點餐用信用卡結帳，因為我不太熟悉使用信用卡刷卡機，這與我在淡水店較少站櫃檯也有一點關係。

就在當天中午吃飯時間，有位顧客點好餐之後，要求使用信用卡結帳，我請這位顧客將他的信用卡擺放在刷卡機上感應，我這頭連線後就照刷卡步驟按 1，接著再按 3，刷卡已成功，但 POS 系統顯現是要收現金，我不知道原因出在哪，也無法排除障礙，已經影響到下一位顧客的點餐，內心非常非常的著急，此時出現一位救星，就是石牌店賴店長，他即刻來到我的旁邊，手指來回的操作，很快地在 POS 系統幫我排除障礙，幫顧客完成刷卡手續。

石牌店賴店長排除障礙的這個過程非常快速，我一點也看不清楚他如何排除的，我馬上跟店長請示說：「能否教我一下呢？」「OK！等來店的顧客較少時，我再把使用刷卡機的過程與排除障礙的來龍去脈讓你了解。」石牌店長非常 Nice 的對我說。他的表情一點也看不出那種不理睬與官僚氣息的感覺。

這件事我一直放在心上，以為石牌店長已經忘了，或者根本就不會來教我，但沒想到，等到下午 2 點左右，顧客較少時，他竟然來到我的身旁跟我說：「謝大哥，你現在有空嗎？我來教你操作如何排除信用卡刷卡沒成功時的解決方式。」聽到石牌店長的這一番話，真是令我感動萬分。

又有一次，吉野家總公司派一位女經理來店裡視導，剛好我正準備移飯到主廚的保溫鍋，供其盛飯製作餐點，經理看到我左手用白色毛巾握住左邊保溫鍋的把手，右手用穿在自己身上的黑色圍巾放在保溫鍋的把手上，準備抬到主廚盛飯的保溫鍋上時，馬上被經理制止說：「大哥，不對，黑色圍巾很髒，會弄髒保溫飯鍋裡的飯，要先用白色毛巾放在右邊的把手上幾次後，讓保溫飯鍋的把手降溫，雙手再拿起保溫鍋兩邊的把手，使力一起抬到主廚盛飯的保溫鍋內。」「謝謝經理的指導，謝謝！」我很感激地向經理說聲謝謝。

這一件事過後，我的同事拿保溫飯鍋移飯的方式也就慢慢跟著改變了。

可是談到補填及更換紅薑絲這件事，就更有意思了，我從來不知道我補充紅薑絲的作法已做錯了一年多。就在我有一次支援內湖港墘店時，我看見外場的紅薑絲罐裡的紅薑絲只剩五分之一，我攜回廚房準備補填新的紅薑絲之前，先把罐子裡的紅薑汁倒掉，並請示港墘店店長，剩下的紅薑絲要不要一起倒掉呢？店長一看到這個情況，馬上制止說：「謝大哥，慢點，紅薑汁不能倒掉，否則紅薑絲會太乾，剩下的紅薑絲也不能倒掉，因這是醃製品不容易壞，如何填補紅薑絲？來，我做一遍給你看，首先拿一個碗，先把剩下的紅薑絲倒入碗內，接著把紅薑絲罐清洗乾淨後擦乾，再裝填新的紅薑絲，不要填滿，只要填到罐子的六分滿，然後再將碗內的紅薑絲放進紅薑絲罐內，這樣就大功告成。」

哈！哈！哈！，我又學會如何裝填紅薑絲了。次日回到淡水店上班時，就按此作業方式補填紅薑絲，並將此作法分享給淡水店的同仁知悉。

這是我這位銀髮族初入餐飲業，進入吉野家工作能夠勝任的主要原因，就是我的工作態度，願意在不熟悉的領域，向年輕人學習，以及「錯中學」，自己也從中得到樂趣與成長，以及學習到謙遜與成全。

Note

第4篇

外場工作是個萬花筒

樹木總是從樹頂開始枯黃，

人總是從心態固化開始衰老。

——謝冠賢

1. 外場工作的第一步

我一到吉野家上班，先著好裝，別上名牌，帶好黑色帽子，再到廚房的洗手檯用洗手乳液清潔手指到手肘。當天的代行者，看到我洗好手，馬上分派工作項目，「謝大哥，你今天做外場工作。」我即刻戴上清潔袋，在袋內裝入一瓶清潔液或酒精，及一條藍色的抹布，就開始我的外場工作了。

我在吉野家工作，大部分會被分派做外場工作。從事外場清潔工作，看似簡單，像是在家裡打掃一樣，其實不然。

首先，從事外場工作的人員一上線，必須先檢查用餐區小櫃子上的餐巾紙盒、七味粉罐、辣椒粉罐、牙籤罐，及紅薑絲罐等安全存量與清潔情況，若存量不足則需馬上填補，若罐子外圍摸起來黏黏的，就必須清潔。接著查看用餐區餐桌椅是否擺放整齊，地面有否飯粒與菜渣，以及察看廁所垃圾桶是否已滿，洗手臺與鏡子是否乾淨等。不過，有時也要擦洗用餐區燈罩、牆壁邊的木質線條，以及門面玻璃等。

談到擦洗門面玻璃，我的店長柯小姐就教過我擦洗的方法。首先，先用海綿沾水之後，在玻璃上擦洗，接著使用類似汽車雨刷的刷子，將玻璃上的水漬刮乾淨，再用咖啡色的抹布擦拭雨刷，這樣來回的清潔玻璃，玻璃會顯得格外亮麗和乾淨。以前在清洗家裡的窗戶玻璃時，很難擦洗乾淨，沒想到店長教我的擦拭玻璃的方法，剛好可應用到擦拭家裡的窗戶玻璃，來吉野家上班，還可學到做家事的方法，眞是一舉數得。

然而銀髮族的朋友重新進入另一個新的領域職場，需有一共識，那就是不管你過去曾經當過多高的職務、收入有多高或有多榮耀，都必須全部 Delete 掉，重新學習，像一張白紙或海綿一樣的吸收新的工作知識與新的職場文化。有一天，我在吉野家淡水店上下午 5 點到晚上 9 點的班，來了一位中年婦女來上班，她名叫子葳，因原先上班的電子公司受 COVID-19 疫情的影響，放無薪假的關係，就來吉野家應徵晚班工作，可是她就沒有忘掉過去的榮耀和背景，請她學習外場打掃和洗碗與清潔工作，就很有意見，常無故挑一些毛病，還要求她只要站櫃檯做收銀的工作，但她可能不曉得，做夜班的工作，外場的清潔工作、內場的廚房工作與中場的點餐和收銀工作，樣樣都要學會。這也是中年人或銀髮族重新進入新領域的職場，想要在新的職場獲得工作機會，必須要有的認知。

所以我在吉野家工作，我什麼都學，店長或代行者要我做什麼，或叫我做什麼，我盡量放下身段去學習，去做事。若你在軍中當過兵，不也常聽到，「不合理的要求，就是磨練。」何況在吉野家工作不會有不合理的要求。只要不懂，就虛心求教與學習，做錯了就改進，把年紀和過往學經歷放一邊，內心就不會受傷害，就能快樂的工作和學習。

那麼我是如何越過這個心理的門檻呢？

剛開始我在做外場工作時，以爲只要專心做你外場的事就好，可是當你在廚房內洗碗盤時，店長或代行者總會請你幫忙做內場廚房裡的其他工作。起先我有點不適應，總認爲，不是已分工了嗎？不就是要按分工內容各自負責嗎？爲何還要叫我做內場的工作呢？我就先觀察，不表示任何意見，就順服且按照他們的額外指示去做。在作的過程中才知道，他們是藉此在訓練你、在教導你，我也從中學習到許多內場的事務。

2. 放下身段，學習更多

我在一邊洗碗盤時，一邊會聽到同仁叫我「謝大哥」的聲音……。

「謝大哥，幫忙一下炸一份柳葉魚；謝大哥，幫忙一下，炸一份可樂餅；謝大哥，還有拿一份草莓鬆餅；謝大哥，幫忙一下做一份親子丼，外帶，蛋熟一點；謝大哥，幫忙做一份野菜和菠菜，要內用；謝大哥，幫忙一下，做一份燒肉，客人不要蔥，內用；謝大哥，請幫忙移飯、洗米、順便再煮一鍋飯；謝大哥，麻煩你煎 8 塊雞肉；謝大哥，1 號冰箱沒有牛肉了，請從 3 號冰箱搬一籃牛肉過來；謝大哥，可否麻煩你幫忙裝 6 盒各 0.3 貫的牛肉放入 1 號冰箱的下層；謝大哥，現在快沒紅茶了，請幫忙泡一桶紅茶；謝大哥，櫃檯忙不過來，麻煩你協助備餐，及輸入 foodpanda 和 Uber Eats 的外送單；謝大哥，這個鍋子和桶子麻煩清洗一下，然後進洗碗機；謝大哥，可否麻煩你清潔 1 號和 3 號冰箱，清潔後拍照存證，上傳到 LINE 的公區。」

在過去，喜歡指揮人去做事情的我，剛開始很不習慣，為了工作上的樂趣與合作，內心就慢慢地放下自我，放掉過去的頭銜，學習接受別人的指揮。

然而在店裡的顧客多，大家都很忙的時刻，這一切事情，我都很樂意協助與協作，藉由他們對我的指揮或者被需要，我也從中可以學到東西，以及體驗到工作上的樂趣，但在某個時段，我也會委婉拒絕，就在快下班的最後 40 分鐘，因爲我還要做外場最後的清潔工作，打掃地面、擦桌椅、清潔廁所與洗手檯，以及下班之前最後的收碗盤與洗碗盤作業。

有時候在離峰時段，來店用餐的顧客較少時，我會主動要求正在廚房裡頭製作小菜的同仁，教我如何做一盤盤的辣泡菜、不辣泡菜，以及如何蒸毛豆，內用的與外帶的同時一起製作。但很奇怪又很好笑的是，當外帶用的塑膠杯子裝滿辣泡菜、不辣泡菜，及毛豆之後，要用塑膠蓋子蓋起來保鮮時，我的手指總是不聽使喚，杯蓋老是蓋不好、蓋不起來，而我的同仁只花「1 秒」不到，就把杯蓋蓋好，我則花上「1 分鐘」也蓋不起來。同事看我蓋杯蓋的樣子很好笑，就教我蓋杯蓋的方法，可是我學也學不起來，就是抓不到那個感覺，直到有一次支援新店店時，該店店長請我做「23 份外帶辣泡菜、12 份外帶不辣泡菜、25 份外帶毛豆，以及 18 份內用辣泡菜、8 份內用不辣泡菜、10 份內用毛豆。」我從下午 2 點做到下午 4 點才做好。店長說：「你眞是破世界紀錄，別人只要花半個小時就可以完成，你卻要花 2 個小時才能夠做好。」新店店長這麼一說：我也只能回給他一個 Smile！

我會花上這麼久的時間做小菜，就是花太多的時間用在蓋好杯蓋上。不過，經過這次的磨練，我終於抓到那種感覺，可以把杯蓋蓋好了。

花 2 個小時才做好小菜，真的是破了世界紀錄……。

3. 獲得額外價值感

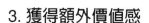

不過，我從事外場工作，爲了增進工作樂趣與價值感，會與顧客有所互動，我常會利用收碗盤和擦桌椅的片段時刻，與客人有簡短的問候與交談。

有一次，進來一位大姊，外表長得雍容華貴，衣著也蠻講究的，有可能是來淡水旅遊的遊客，也有可能是海外回國的華僑，應該已有 70 歲以上的年紀，她可能第一次來吉野家用餐，不太會點餐，在櫃檯前一直詢問我的同仁嘉玲姊，要點什麼餐的事，嘉玲姊推薦她點一份牛丼加 C 套餐。

「大姊您好，吃飽了嗎？碗盤筷子我來幫您整理一下。」「好的，謝謝你。」「大姊，泡菜怎沒有吃呢？」「喔！吃太飽了，吃不下。」

與她簡短的交談之後，我轉身到別桌清理桌面清潔時，聽到開門聲，看到這位大姊已用完餐，走出吉野家淡水店的大門，我目視到她沒有把餐盤端到置放餐盤區的櫃子，餐盤與碗筷仍放在桌上，我清理好別桌的桌面後，就轉身前去清潔這位大姊用餐的桌子，一到餐桌旁，看到餐桌底下的地面掉了許多飯粒，爲了讓下一位用餐的顧客有好的用餐環境，就蹲下腰，拿著紙巾一一將飯粒拾起，順便將餐盤收到餐盤回收區。

這位大姊可能年紀大了、或者生病了，一個人用好餐之後，餐桌與地面才有如此的情況，**若我把自己當作清潔人員，一定會批評指責她，而我把自己當作吉野家團隊的一員，從服務的視角看待此事，這樣就變得有價值感了**。

在外場作清潔整理的工作，也會常遇到淡江中學，及淡水商工的學生下課放學後來吉野家用餐，我會在他們用完餐在玩手機或交談時刻，主動過去收碗盤和整理桌子，順道與年輕人簡短聊天，以及觀察他們用餐剩餘的東西有哪些。

「同學們，你們好，有沒有吃飽？」「有！」「好吃嗎？」「好吃！」「好吃，怎麼你的泡菜整盤都沒吃？其他同學的泡菜都有吃一些。」「我吃太飽了，泡菜吃不下。」「喔！是喔！」我帶點懷疑的口吻說著。「耶！這位同學你的飲料怎都沒喝？不好喝嗎？」「不是，是我有買飲料了。」「要說實話，不要看到我就不好意思說。」「的確沒有外面飲料店賣的好喝。」「哈！哈！但我們公司的檸檬紅茶都採用雀巢公司出產的檸檬紅茶粉，按比例調製的。」

這時我一邊整理餐盤，一邊問著他們說：「你們現在高中幾年級呢？」「高三。」「今年要考大學了，你們想讀什麼科系呢？」「英文系、資工系、資管系、護理系、還不知道……」這群高中生零零落落的回答著。聽了們的回答，就順著他們的話說：英文系，領域最廣，資工系畢業後當工程師薪資最高、護理系最好找工作，就業率有 90% 以上。不過，唸資工系最好能再唸研究所，薪資較大學畢業的高出 1 萬元左右，或甚至更高，而護理系畢業，醫院診所需求大，最不怕失業，也最容易找到工作，待遇也很好。

然而坐在斜對面的餐桌上也正好坐著一對就讀復興高中的男女朋友，餐桌上擺著兩本數學參考書，男同學正在教女同學如何解數學題目，我也過去收整他們擺在餐桌旁的餐具，並問他們說：「以後上大學想讀什麼科系？」他們竟異口同聲的說：「生物科技。」我對他們豎起大拇指，按讚！有遠見，有未來。

這是我在一邊收整餐具，一邊與這群高中生的對話，目的就是關心他們。

然更有意思的是，有一天晚上大約 9 點左右，我正在整理餐桌，收整桌上雜亂的餐碗盤，這時來了三位女顧客走到我旁邊，其中一位女顧客很客氣的跟我說：她們想要坐這個位置，可否幫她們把桌面擦拭一下？我說等一下，請先等我把這 6 個餐碗與碟子收整好之後，再讓您們來坐著用餐，「請問您們點好餐沒？」「還沒。」「那麼請先到前面櫃檯點餐。」

我一面收整餐盤，一面用親切的話語與另一位年紀較長的女顧客問候，請問您們來淡水旅遊嗎？此時是另一位中年女顧客答腔說：「也可以這麼說。不過我是陪我姊姊帶她的女兒來淡江大學報到。」

「請問讀什麼科系呢？」此時坐在這位氣質優雅長得又美麗的大學新生旁邊的中年女顧客是她的母親，母親正要說話時，被這位女大學新生用眼神向她的母親示意不要說。我猜想應該沒有考上特好的科系，否則不會一臉愁容，看不見剛考上大學時的那種喜悅感。

「請問您們從哪裡來呢？」「屏東。」「屏東好遠喔！」「所以才要陪女兒一起上來。」「您女兒長得很漂亮又有氣質，一定是屏東女中畢業。」「老闆，你眞是厲害，一看就知道。」「我老家在高雄，能考上淡江大學已經很棒了，我哥哥和叔叔也都是當時的淡江文理學院畢業的。」「請問老闆，這附近有住宿的地方嗎？」（按：很多人來吉野家用餐的顧客，好多人總認為我是這家店的老闆，我說我來打工的，總沒人會相信，從此以後，我就不再解釋了），「有，隔壁棟這棟大樓『大都會廣場』的七樓有一間『淡水海灣驛站』，另外在吉野家店門口向右走第一個巷子右轉，有一間民宿好像叫『幸福民宿』，您們都可以參考看看。」

「謝謝老闆，你好親切。」我還是笑而不答。

過了一會兒，這位女大學生的阿姨走了進來說：「淡水海灣驛站」好奇怪喔！竟然沒有收旅遊振興券，今晚我們就選擇有收旅遊振興券的「幸福民宿」住了。

「老闆，淡水看起來好像很荒涼。」這位女大學新生的阿姨如此問我，「喔！不會啦！淡水很熱鬧，可能現在已太晚了，許多店都關門打烊了，明天早上，您們可使用 YouBike 騎單車沿著淡水河岸騎到漁人碼頭，沿路會經過海關碼頭、紅毛城、將捷金鬱金香酒店、和平公園、滬尾砲臺，以及林懷民雲門舞集劇場，淡水近山又靠海，風景美。」「好的，謝謝老闆，你好親切喔！」。

被她這麼一說，我眞是像極了老闆……。

由於來店用餐的顧客愈晚愈多，回收檯已累積許多碗筷需要清洗，就先回廚房洗碗去了，當我再探頭遙望這三位來自屏東的女顧客時，她們早已用好餐回幸福民宿過夜了。

美國密西根大學教授道頓說：「當我們把自己的工作連結至更崇高的目的，尤其是以他人爲中心的目的時，重新框架我們的工作，就能讓自己的生活更美好，造福更多人。」因此，一個人的工作價値由誰決定呢？套句《商業周刊》郭奕伶執行長所說的，「絕對不是老闆或公司，而是自己的視角。」

4. 隱藏在角落中的顧客

我在吉野家淡水店上班或者支援吉野家其他分店時，總會遇見許多來店消費的外國顧客、遊客、上班族、學生，及當地居民，外國顧客包括，日本顧客、韓國顧客、越南新娘、印尼顧客、泰國顧客、歐美顧客、印度顧客等；遊客包括北投外地遊客、淡水外地遊客；學生包括淡水與臺北市的學校學生，及臺北市、新店、新莊與淡水地區上班族，以及淡水本地居民等。

但無論我從事外場與中場的服務工作，我很喜歡觀察顧客的用餐和消費習慣，這也是對顧客的一份關心，對工作的一份責任心。舉凡顧客點的餐食有沒有吃得精光？沒吃完剩下的菜餚會有哪些呢？哪些顧客是生面孔？哪些是常客？

我曾經支援吉野家北投店有幾十次之多，當站在櫃檯服務顧客點餐時，我常會發現一位銀髮族顧客，總是固定在上午 11 點半左右來店裡點餐——外帶豬肉丼飯，幾次見面，彼此認識後，我會很親切地向他問候。有一次，這位老先生又來點餐，我就好奇的問他：

「爲什麼每次都點豬肉丼飯，是給誰吃的呢？」「是給我母親吃的。」「母親幾歲了呢？那麼喜歡吃豬肉丼飯？」「93 歲了。」「先生，豬肉丼飯好了，收您 100 元，還有收據，請小心拿。」

這位先生拿了便當盒，裝進他自己帶來的塑膠袋上後，跟我說聲謝謝後，就轉身離去了。

而在吉野家淡水店，我也同樣遇到一位年紀約 76 歲的伯伯，每次中午來店裡點餐，一定是點「豬丼大」外帶便當。有一次我也同樣問他，「怎麼每次都點豬丼大便當呢？」他很驕傲地說：「我已經買吉野家豬丼便當三十年了，從我在大喜飯店上班，就一直買豬丼大便當到現在，你們廚房裡面的那位先生（指的是小 Q）我就看他工作到現在。」哇！原來小 Q 是吉野家的忠誠好管家，而這位伯伯是吉野家的忠實顧客。

又有一天，大約下午 2 點多鐘左右，來了一位年紀約 70 多歲的銀髮族朋友，他點了感動 A 套餐，坐在一樓靠近洗手檯邊的餐桌上用餐。因爲中午 2 點左右，我必須做外場清潔工作，當我清潔至這位先生的餐桌旁時，他已用好餐，在座位上用牙籤在剔牙，「先生，今天怎麼這麼晚來用餐呢？」「我剛從高雄搭高鐵，再搭捷運回淡水，一下捷運就走路過來吉野家用餐，我常常來你們這裡用餐過後，再搭捷運至紅樹林捷運站，走路回家。」

「請問先生，您是居住在淡水嗎？」「是的，我住在紅樹林捷運站對面的藍灣社區。」「哇！那是高級住宅區耶！」「還好還好，我買兩戶打通，大約有 300 多坪，但我只隔 6 個房間。我家客廳就有你們吉野家一樓那麼大間，我還請了三位菲律賓女傭。她們全是住套房，其中一位特別照顧我 94 歲的母親，不過，我是一個星期住淡水，一個星期住高雄我兒子家。」「我也是高雄人，請問您兒子住在高雄哪裡呢？」「我兒子住在高雄美術館特區。」「那是高雄的高級住宅區，阿扁總統也住在那特區裡。」

「請問您以前是不是自己開公司當老闆呢？」「沒有，跟你一樣做苦工的。」「先生您太客氣了，請問先生貴姓？」「我姓徐。」「徐先生，您在跟我開玩笑，做我這一行的，哪可能買得起藍灣社區的房子。現在那邊的房子應該漲價了。」「對呀！現在那邊一坪應該漲到 50 幾萬，當初我買一坪 40 幾萬。我的房子可看到淡水河及觀音山美景，還有淡水夕照。」「有錢眞的很好，可以隨心所欲。」

因爲我還要收整餐盤及清潔其他桌子的桌面，就先向徐先生告辭了，請他以後要常來店裡光顧。而徐先生也眞的常來店裡用餐，每次我上中班（下午 6 點到晚上 10 點的班）時，我大約下午 5 點 45 分左右經過店裡的那片大玻璃櫥窗，準備上班時，早已看到徐先生獨自一個人坐在那裡用餐了。

在吉野家淡水店用餐區的每個角落，總會有好多的故事在那裡發生，像是一幕幕的電影一樣。有一次假日的中午約 2 點半左右，我在二樓清潔餐桌椅並拖地時，有位年近 60 歲的銀髮族先生看見我正在拖地，就用羨慕的眼光看著我並且對著我說：「先生你眞好，現在還有工作做。我已經退休三年多了，也到處遊玩了三年，現在覺得好無聊，眞想找個工作做。」「先生貴姓？」「我姓林。」「林先生，您若想要再找工作，可以到勞動部的銀髮中心網站上尋找工作機會，我也是在銀髮中心找到工作的。」我一說完，這位林先生馬上拿起他的智慧型手機到銀髮中心的網站，上網瀏覽了。

這件事約莫經過了半年，有一天晚上，我在外場巡視並收整餐盤，並準備上二樓巡視回收餐盤區是否有餐盤需整理時，突然有位男顧客靠近我說：

「你還記得我嗎？」我有點錯愕地說：「不認識。」他接著說：「我就是有一次你在樓上打掃時，我向你說我退休後很無聊，問你怎麼找工時，你介紹我到勞動部銀髮中心尋找工作的那位林先生。」「對！對！您現在有找到工作嗎？」「有啊！還眞謝謝你呢？我已找到警衛工作，現在在淡水的國泰世華銀行當警衛。」「眞恭喜您呀！」但他卻跟我分享工作內容之後說：「不過當警衛很無聊，每天上午8點半上班，下午5點半下班，整天沒什麼事做，覺得很無聊。我看你在吉野家工作很忙碌，不會覺得很無聊，請問怎樣才能進吉野家工作呢？」。

我內心暗自想著，這麼好的工作，仍覺得無聊，我就帶著微笑向他說：「要到吉野家工作，只要投履歷應徵就可以，而我在吉野家工作是 Part Time 的，一天工作大約 4-6 小時，不是每天都有班，但您也可以跟吉野家說您要找正職的工作，正職的薪資跟您在銀行當警衛的薪資相差不多。」

林先生聽到我在吉野家工作只是 Part Time，臉上竟浮出不可思議的表情，這時我接著說：「您在銀行當警衛比較好呀！，每天準時上下班，遇假日或國定假日都不用上班，若在吉野家上班，外場、中場、內場的工作您都要學，有時假日也需要上班，會比較辛勞。」我接著用淘氣和半開玩笑的話跟他說：「若您覺得在銀行當警衛很無聊，不然你我交換工作好了，我去國泰世華銀行上班當警衛，您來吉野家上班。」

林先生聽了我的分享之後，只是笑了一笑，沒有回答我的俏皮話。

「好吧！我們改天再聊，我要上樓整理及清潔一下外場的環境，Bye Bye 了！」林先生也就向我揮手致意，轉身走出吉野家的大門，向捷運站的方向走去，準備搭江南社區的社巴回家了。林先生住在江南社區，這個社區一邊環繞公司田溪，另一邊近輕軌站，是一個很適合退休人員居住的好處所。

(1) 哈囉！日本留學生

更有趣的是，每一次我上下午 6 點至 10 點的班，約莫 8 點左右，總有一位長相俊美的年輕人點餐之後，一定會加購一罐朝日（Asahi）啤酒，然後選一個好位置獨自一個人靜靜地享受他的啤酒佳餚。而在吉野家有販售朝日啤酒的店，不是每家分店都有，淡水店是其中之一。

吉野家販售的日本朝日啤酒價格是高價位的，這個原因與朝日啤酒公司爲力爭在全球高檔啤酒市場躍居首位，有一定的關係，所以朝日啤酒把自己標榜在「不追求銷量，絕不低價賣」的定位上。再者，日本人去「居酒屋」用餐，一定會說：「先來一杯啤酒。」這一句話反映了日本人對啤酒特別的喜愛。

而這位俊美的年輕客人每次來店裡用餐，原先我沒有機會與他接觸，一直以爲他是一般社會人士，只是來吉野家用餐而已，但有一次我觀察到他用完餐，喝完啤酒之後，總會有一種滿足感與愉悅感，只差沒有做出打嗝樣，而是有那種說不出來的感覺，這種感覺……。

像極了戀愛的感覺！

It's almost like falling in love！

有一次，非常的巧合，這位年輕人剛好用完餐，酒杯也剛好從他豐厚的嘴唇滑下，順手擺放在餐桌上，而朝日啤酒罐的啤酒也剛好喝罄，早已擺在餐桌的右上角。我走了過去，「先生，我幫您收整一下。」其實，他已收整好了，正準備將碗盤拿到回收區，我順手就把餐盤端了過來，順勢拿到回收區，並藉機與他簡短閒聊，「請問您住淡水嗎？」「我是來淡大讀書的日本留學生」他用生硬的中文回答我的問話。「喔！是喔！」原先我一直以為他已出社會在職場工作了。「請問您讀什麼科系呢？現在大學幾年級呢？」我很好奇的問他，「我現在是大三的學生，就讀財務管理系。」這位日本留學生還是用生硬的中文，微笑著回答我的問話。

我為了進一步拉近彼此談話的話題，便與他分享說：「我女兒也曾經在日本留學四年，在岡山縣。」他有一點聽不懂中文的「岡山縣」是何意思，便這樣的問我說：「請問是爬山的山嗎？」「是的，在日本的中國地方。」但他還是不清楚語意，因我是用中文跟他說的，後來我只好用我只會講的一個日語「Okayama」他終於聽懂了，此時他的臉上顯露出喜悅的 Feel 出來，便問我說：「你日文也一定很會說！」「不！不會！不會！我完全不會！」我很尷尬地說著。

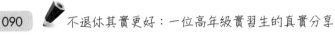

爲了轉移尷尬，我便換一個話題問他說：「您現在住在淡大的宿舍？還是在外面租房子呢？」「我住在外面。」他直接的回答。請問，「房租貴不貴？環境好不好呢？」他很得意地說：「臺灣的房租太便宜了，我的房間很乾淨，我每天都有在掃地。」

我爲了要繼續整理餐桌的關係，與這位日本留學生的對話就到此打住，他也很有禮貌的從座位上站了起來，向我點了個頭，很紳士地往大門的方向走去。「下次見喔！」Bye～

(2) 哈囉！鄧先生

「先生您好，請問用完餐了嗎？我幫您收整一下。」「好了，可以幫我收了。」「先生您是不是淡江大學的教授？」「哈！不是，我過去是台電的工程師。」我與這位先生終於打破了陌生的距離，便繼續用關心的話語說：「我常看到您一直在看英文書，以爲您是淡江大學的教授。不好意思，請問您貴庚？」「我今年剛好 80 歲。」這位台電退休的老先生，我已觀察到他來淡水店用餐好幾次了，每次來店裡用餐，一定先找好一個好位置，他會先把他的紳士帽擺放在餐桌的右前方，接著拿起他的英文書，或者《自由時報》英文報紙閱讀之後，再打盹片刻，接著再到櫃檯來點餐。

有一次我剛好站櫃檯，服務顧客點餐相關事務，這位台電退休的老先生剛好來店用餐，他點了海幸C套餐（毛豆和味噌湯），並加購一杯大杯的日式煎茶。我觀察到他手裡拿著拐杖，行動有點不方便。點好餐之後，我說：「伯伯，您先坐好，待會我把您點的餐端過去給您。」「好的，謝謝你。」從此以後，這位台電退休的老先生，每次來用餐，我都會主動過去向他打聲招呼。不過，他的表情總是非常的嚴肅，讓人不太容易親近，也讓我一直不太敢請教他的貴姓。

有一天，我在廚房洗碗盤，我從擺放碗盤櫃子（回收區）的門窗望出去，我的視線剛好看到這位台電退休的老先生，一個人坐在用餐桌椅上看英文報紙。他抬起頭來，眼神剛好與我的眼神交會，我特意推出房門走出廚房，向前與他打聲招呼，「伯伯，請問貴姓？」沒想到他竟然很高興的跟我說：「我姓鄒，是鄒美儀的鄒。」「你好厲害喔！閱讀英文報紙。」「我年輕時留學美國。」「您是公費留學。」「不是，是自費。」「在您們那個年代自費留學很不簡單，家裡要很有錢。」他沒有回答我的讚美的話，但嘴角微微翹了起來。

「您在美國哪一州留學呢？」「猶他州，我唸猶他

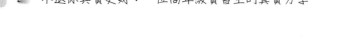

州立大學電機系。」「哇！電機系非常不簡單。」「請問您住在淡水的台電宿舍嗎？」「不是，我住在石牌，一個人搭捷運來淡水。」

哇！一個人願意特地花 22 分鐘從石牌搭捷運到淡水的吉野家用晚餐，而且一個星期至少有三到五天，我覺得他的舉止行為很值得探究。因為石牌捷運站附近也有一家吉野家。

不管眞實意義如何，但鄒先生一個人從石牌搭捷運到淡水用晚餐，似乎每天下午在做一次捷運輕旅行一樣。有如一句似曾相似的 Slogan，「我不在家裡，就是正在往吉野家淡水店的路上。」吉野家成為這位銀髮族朋友熱愛的地方，應該極感榮幸。

然而有一天晚上，我同樣的從擺放碗盤櫃子的門窗望出去，看到鄒先生已坐在同一個位置閱讀英文報紙，我刻意過去跟他打聲招呼，向他問安。他的隔壁桌剛好坐一對母女在用餐，我先稱讚那位 4 歲的小女孩長得既可愛又美麗，順道問鄒先生說：「您有幾個孫子呢？」鄒先生竟然說：「還沒有孫子。」「請問您有幾個小孩呢？」「我有二個小孩，一男一女。」「都住國外嗎？」「沒有，他們都住在臺北市。」「請問他們都結婚了嗎？」這時鄒先生有點無奈地回了我的問話說：

「唉！我也不知道他們結婚沒。」

我與鄒先生聊到此，就把話題打住了，沒有繼續再問候下去。我內心暗自思考著，「一位年紀 80 歲的老先生，經常獨自一個人搭捷運來淡水吉野家用餐，他的老伴呢？怎沒有兒子或孫子陪伴呢？這麼大歲數竟然還沒有孫子呢？」這不就是目前臺灣許多家庭的景況嗎？這不也是目前臺灣年輕一輩不婚不生，造成新生兒減少的原因之一嗎？

鄒先生用完餐之後，總會把碗盤收整得很整齊，然後拿到餐盤回收區擺放，再一個人慢慢地走上二樓廁所，上好廁所後，再獨自一個人走下樓梯，然後走出吉野家的大門。我看見他走下樓梯的背影極為淒涼，便大聲的對著他說：「鄒先生請慢走。」我並沒有向他喊「謝謝光臨。」

「鄒先生您好，鄒先生您今晚比較晚來用餐喔！」沒想到鄒先生竟然微笑了，我第一次從他嚴肅的臉孔看到燦爛的笑容，他的笑容像是早晨的朝陽一樣。

鄒先生平常大約 6 點半至 7 點左右到吉野家淡水店用餐，但那天他 8 點左右才來用餐。當時我剛好在外場做清掃工作，就特別前去關心問候他一下，竟然看到他和藹的笑容。「鄒先生，您今晚怎沒看英文報紙呢？」

「我剛看過。」這時，我同事也正好幫他點好的餐點，端了過來，擺放在他的餐桌上，而他那頂紳士帽依舊置於餐桌的右前方。

不過，當天晚上我發現鄒先生點的餐有稍稍的改變，主餐不變，仍舊是海幸C套餐（毛豆和味噌湯），但加點的飲料，不是大杯的冰日式煎茶，而是中杯的冰檸檬紅茶，吉野家的冰檸檬紅茶甜中帶著絲絲的檸檬酸味。

鄒先生幾乎每天晚上從石牌搭捷運來吉野家淡水店用餐，他的堅貞……

像極了愛情！

It's almost like love！

(3) 哈囉！高先生

然而與鄒先生對比的是，一位銀髮朋友高先生。每次我上中班時段，大約在晚上7點或是7點半這個時間，總有一位高先生來店裡消費，我會認識他，是在我每次從事外場工作時，總會看到一個與眾不同的畫面出現在我的眼簾……

一位銀髮族男士老是坐在餐廳的一個角落，每次一個人都會占用兩張椅子，一張椅子他自己坐著，另一張椅子他拿來擺放他的包包和手提袋。左手拿著手機，手機裡頭的畫面一定是，正播放著影片；用完餐後，他也必定頭搖搖晃晃地在位子上打盹著。

高先生是用完餐後才開始打盹，而那位台電退休的鄒老先生是先閱讀英文報打盹後再用餐，這兩位銀髮族朋友各有特色。

高先生每次來店裡用餐，必定點特盛雞丼 A 套餐，A 套餐一定點毛豆、味噌湯，及茶碗蒸，還要請同仁用紙杯裝一杯溫開水給他。有一次看他用完餐尚未打盹時，藉著去收整餐盤時機，特地與他閒話家常幾句，才知道他姓高，不住在淡水，家住在三芝。

起先，看到他在位置上打盹，我不敢驚動他，會很小心地去收拾他用餐完後的碗盤、湯匙與筷子。平常我在收拾客人用餐後的碗盤時，我也會關心客人用餐後會剩下哪些佳餚，這次我看見高先生碗內剩下的佳餚全是雞皮與一些咬不碎的雞肉。一開始我也不會在意他挑出雞皮及部分雞肉不吃的原因是什麼，心裡總是認爲，「也許與他個人養生習慣有關吧。」但在我家，我的老婆大人，就最愛吃雞皮了，老婆說：「雞皮有膠質。」難怪我老婆大人年齡都快到 60 歲了，還看不到臉上有一絲絲的皺紋。

後來經過幾次收整高先生的餐盤，觀察到他吃剩的菜餚時才發現，這位三芝來的高先生，是年紀大了，他的牙齒有點咬不動有關，我想高先生年紀應該有 65 歲以上了。而後來也發現到，他每次一定要我們櫃檯工作同仁提供給他的那一杯溫開水，其實是用來清洗他自個兒帶來的免洗筷子。

記得有一本《習慣致富》（*Rich Habits Poor Habits*）的書，作者 Tom Corley & Michael Yardney 在著作裡頭特別說到，致富的習慣之一就是要保養好自己的牙齒，建議每一次吃完飯或東西之後，一定要用牙線潔淨自己的牙縫，因爲年紀大了，還有健康的牙齒，才能繼續享受美食。

有一天晚上，高先生來店裡用餐，我爲了打開與他之間的話匣子，就主動問他說：「高先生，您有幾個孫子呢？」他卻遲疑了一下說：「沒有孫子。」此時我也停頓了一下，也許太過隱私的問題，我也不敢再請問下去了，就向他點了個頭，去做我外場的工作了。

這時，我一邊做事也一邊內心暗自想著，這麼大的年紀竟然還沒有孫子，是不是就是現在臺灣出現的人口老化問題的部分原因所在呢？

當天晚上高先生仍舊用好餐，在座位上打盹，並且讓手機裡的影片放映著，直到晚上約 9 點半左右，就醒了過來，從容的提著他的 Puma 皮包再慢慢走出吉野家淡水店的大門離去。「謝謝光臨！」高先生聽到我的感謝之語，回過頭來向我示意，就往淡水捷運站的方向走去，搭公車回三芝了。

有一天晚上，高先生一如往昔用完餐後，又在桌位上打盹，因為當天晚上來店用餐的顧客較多，我忙到 9 點左右，才有空做清潔打掃的工作，我一看到高先生怎還在桌位上打盹，就趕緊過去叫醒他說：「高先生，已 9 點多了，你必須要搭公車回三芝了，現在還有班車嗎？」他突然被我叫醒，沒有很緊張的樣子，就對著我說：「往三芝的公車還有班次，最晚一班是晚上 11 點 10 分。」聽他這樣一說，我心也安了，就繼續我的打掃清潔工作了。

「高先生您好，昨天怎沒看到您來用餐？」他笑而不答……。

「請問您在淡水上班嗎？」「我在五股上班。」我又進一步的打破我與高先生之間的陌生關係，並接著問他說：「搭公車去的嗎？」「不是，騎摩托車。」「喔！騎摩托車！請問您是把摩托車寄放在淡水嗎？淡水摩托車不好停放，很容易被警察開罰單、被拖吊。」「我停放在淡水捷運站地下一樓的摩托車停車位，用月租的，每月 400 元。」「這很划算。」這是我與高先生當天晚上的對話。

高先生您好，今天比較晚來用餐喔！，「沒事！沒事！」還是笑而不答，高先生已是吉野家的忠實顧客，連點餐也是那麼忠實不變——特盛雞丼 A 套餐（毛豆、味噌湯，及茶碗蒸，外加一杯溫開水。）但有時候點了茶碗蒸後，會加點野菜，不過，點野菜時，一定會交代廚房野菜要燙軟一點，不要加柴魚及海苔在裡頭。

高先生幾乎每天晚上來吉野家淡水店用餐，再搭公車回三芝，這種執著……

像極了愛情！

It's almost like love！

看見銀髮族的鄒先生與高先生的景況，身爲銀髮族的我，僅能如此地表達：

To treat yourself. Take care of your body.

If your body is right, your mind is right.

If your mind is right, your money is right.

If your money is right, ...

Your health is your wealth.

5. 遇見忠實顧客

在吉野家淡水店工作，我發現有許多忠實的顧客，每個星期至少會來光顧 2 至 5 次，有母子檔、牙科助理、未婚銀髮與樂齡女士、洗腎先生，以及一對銀髮夫妻。他們都會在固定的時段出現在吉野家淡水店用餐。

我就觀察到有對母子經常來店裡一起用晚餐，而且固定選在用餐區靠近員工廚房入口角落的位置。有一次在父親節的前夕，我看見這對母子又來店裡用餐，就過去跟他們打聲招呼說：「好久沒看到您們來吉野家用餐了。」這位母親就微笑地跟我說：「最近不常來是因爲買晚餐回家吃。」說完又繼續定睛看她手機裡的影片，而且非常入神的看著手機螢幕。我有點好奇，手機裡的影片怎會如此的有吸引力呢？我再次的開口，請問您，「您在看什麼影片，怎這麼入戲呢？」「沒有，我是在看網路小說：是與偵探有關的小說。」「臺灣人寫的嗎？」「是中國大陸人寫的。」這位母親稍稍的抬起頭，眼光餘波看著我如此地說著。

與這對母子閒聊與問候幾句後，就回廚房繼續洗碗盤，沒想到這對母子用好餐之後，就主動的把碗盤收整好，端到碗盤回收區擺好，這位母親竟然會從回收區的窗檯向我揮手說：「謝謝！晚安！」。

從此以後，這位母親和她的兒子來店裡用餐，每次看到我時，就會主動地跟我點頭微笑，我反而自己害羞了起來。

然而另外一位忠實的顧客是一位年齡約 30 歲左右的許小姐，幾乎天天中午來店裡光顧，許小姐在淡水某牙科診所工作，從事牙科助理工作，有時候傍晚下班時，偶爾也會來店裡用餐。

許小姐每次來店裡用餐，總是固定坐在進門左邊大玻璃高腳椅用餐區的位置用餐，很喜歡品嚐親子丼飯 C 套餐，也很會利用主餐 130 元以上刷悠遊卡送 C 套餐的優惠活動，許小姐很靦腆，也很客氣，每次用好餐，我想要過去幫她收整餐盤，她總是拒絕的說：「沒關係，我自己來。」從與她簡短談話當中也得知，許小姐迄今仍是單身未婚。

更有意思的是，每次我上早班，約下午 2 點左右，準備做清潔打掃工作時，總有一位銀髮族女士經常一個人中午來店裡用午餐。爲了打開對方的話匣子，有一次我很好奇的問她說：「您怎麼每次選擇這個時段來用餐呢？請問您有幾個小孩和孫子呢？」她竟然眼神看著我說：「這個時段來用餐，較安靜，我沒有結婚，所以也都沒有小孩和孫子。」

當時我是眞的有點尷尬，但爲了圓這個場，只好繼續的問她，「您一個人怎麼安排自己的生活呢？」「會固定與幾位好朋友一起聚會、出遊或聊天。」這位銀髮族女士微笑的回答我這個無趣的問題。

我看到銀髮族朋友總會關心這些議題，從這些問題當中也隱約凸顯出臺灣出生率愈來愈低的原因。之後，她每次來店裡用餐，我總是主動向她問安，但迄今我未曾問過她的姓和名。

但有一天晚上約 8 點左右，我正要去外場做清潔工作時，看見她正在用餐，我很和善的過去向她打招呼，「您好，好久不見，平時您都來用午餐，今天怎麼來用晚餐呢？」她聽見我親切中帶點關心的問候話語之後，格外顯得高興的說：「今天去臺北辦事，晚上才回到淡水，才來這裡用晚餐。」

過了一會兒，我見到她已用好餐，想主動幫她整理餐盤和桌面，她卻很客氣的對我說：「不用！不用！我自個來，謝謝！」聽見她的回話之後，更能讓我自省，要做一位單身又快樂的銀髮族，必須能夠獨立，身體也必須要強健。

又有一位樂齡女士，最喜歡中午來吉野家淡水店用餐了，每次必點親子丼飯 C 套餐，並加點野菜一份，並說：她點 C 套餐只要給她味噌湯即可，另一道菜毛豆或泡菜她不要，但要一杯用紙杯裝的溫開水。每次我想進一步向她問候，她總是用一種我說不來的拒絕別人於外的感覺，讓我不敢親近她，並與她閒聊。雖然無法對這位樂齡女士表達關心與問候，但她能天天來吉野家淡水店用餐，看到她用餐後的哪種滿足，我也替吉野家感到高興了。

而常來吉野家用餐的顧客，也會遇見洗腎的顧客，這位先生每個星期的一、三、五上午 10 點半左右會按時來吉野家的淡水店用餐，他的旁邊總是有一位印尼傭陪著他來。原先我與這位先生不熟，因他每次來店裡點了牛丼 C 套餐之後，就靜靜地坐在餐桌上慢慢地享受著這一頓早午餐，他的印尼傭也同樣每次靜靜地坐在他旁邊滑著手機陪伴著他。

因早上 10 點的班，一到店裡就要做打掃與清潔工作，有一天我在做餐桌椅清潔工作時，就刻意的向這位先生問候說：「先生您好，我看您早上 10 點半左右常來吉野家用餐。」我話還沒說完，這位先生馬上就說：「我是不得已的，每星期的一、三、五都要來你店裡旁邊的洗腎中心洗腎，每次洗腎大約要花 4 小時，洗完腎身體很虛脫，剛好來吉野家吃飯，補充體力。」這位先生很無奈的對著我說話。說完話也就繼續食用他的早午餐了，再也沒有說第二句話了，或許剛洗完腎，與身體疲憊不願多說話有關。

而令我特別感動的是，每到下午 6 點左右，總看到一對銀髮夫妻來吉野家淡水店享用晚餐，先生先騎摩托車載他的老婆大人到店門口，首先把摩托車先停放在門口，接著扶著他行動不便拿著拐杖的老婆大人下車，進入用餐區，找好位置後，再讓老婆大人坐在椅子上，緊接著出門，把摩托車找好位置停放妥當之後，再進門到櫃檯點餐，幾乎每天的下午 6 點左右，我都會看到這一幕恩愛又彼此扶持的情景。

這位老公每次來店裡點的餐幾乎一成不變，兩份牛丼加 C 套餐，而這位老婆大人一碗吃不完，一定會分三分之一給她的老公，老婆大人用好餐之後，也必定飯粒掉滿桌及掉滿地。只要當日我有上班，每次必定會過去幫這位老婆大人清理桌面及地面。

有一次我看見這位老婆大人已用好餐，特地走過去關心這對銀髮夫妻，「請問您的老婆大人是不是中風才造成行動不便呢？」「不是，是因爲脊椎萎縮之後才變成這個樣子，以至於腳與手的肌肉無力，必須長期做復健。」「哇！您願意這樣服侍您的老婆大人，您眞是一位好先生。」這位老公聽到我對他的讚美，抬起頭來看著我，他的眼眶略紅，眼角泛著淚珠，笑而不答。

有一天我在淡水店上16點至21點的班，大約在晚上6點半左右，我一邊擦桌子，一邊巡視外場，看見他們已用好餐，正在整理碗盤，我就過去一面幫他們整理，一面跟他們聊天，「請問您們住哪裡？」「北淡水。」接著我又問這位先生，「請問三餐都是您準備給您的老婆大人吃嗎？」「是啊！兩位孩子都已結婚成家，我們都有孫子了。」這位先生突然問我說：「你幾歲了？」「我生肖屬豬。」「那跟我太太一樣，我今年63歲，後年就要退休了。」「喔！您還在上班，眞幸福，在哪裡工作呢？」「核一廠。」「台電核一廠！Wow！核一廠上班的待遇非常棒，核一廠不是已經除役了嗎？」「還沒，至少還要二十五年。」「眞的喔！還有二十五年？」「是啊！」。

「我每天除了準備早餐給我太太吃，中午請別人送便當給我老婆吃，晚上下班，就從北淡水騎摩托車載我太太來吉野家用餐。」「那麼您們目前住在台電宿舍嗎？」「是啊！那是老宿舍了。」

「您眞是一位好先生，願意這樣服侍您的老婆大人。」我再一次這樣地讚美他，他的眼眶依舊泛著淚珠。

他一面微笑著，一邊拿起雨衣先幫老婆大人穿上，再幫老婆大人戴上安全帽，接著再自己穿上雨衣、戴上安全帽，便扶著他的老婆大人一步一步慢慢地走出吉野家淡水店的大門。

此時，窗外正飄著冬季東北季風的雨絲，那是淡水的特色，我在窗內看著這位先生扶著老婆大人坐上摩托車，自己再上車啟動引擎，慢慢駛離吉野家，他們的背影也就迷濛地消失在綿綿細雨中。

看到此景況，您不會覺得嗎？人的一生眞的是身體的健康比什麼都還重要。套一句直銷朋友常說的話，「健康是1，1後面所塡的數字，您要塡幾個0都可以，也才有眞實意義。」然而，人世間若只追求身體的健康而沒有眞實的愛情，這世間也會變得格外的冰冷了。

6. 充當旅遊大使

許多外地遊客來吉野家淡水店用餐，我常常會聽到：「待會到淡水老街逛逛。」其實，依我所見，淡水老街一點特色也沒有，整條街只有「吃與喝」兩種而已，已看不到所謂的老街那種風貌。

就連日本高中生來淡水畢業旅遊，也同樣是讓他們隨興在老街逛逛、淡水河邊走走、照一照相，再買一些淡水名產回去而已。這樣子哪叫來過淡水？甚至臺灣的旅遊團也很類似，頂多再加一個行程到淡水漁人碼頭吹吹風而已。

我高雄老家的鄰居珠花姐，有一次參加路竹下坑社區舉辦的北部旅行三日遊，第一站來到淡水。由於南部人總是比較熱情，珠花姐利用晚上來探視我母親。我問她說：「你們來淡水去過哪些地方？」老鄰居珠花姐說：「旅遊團到淡水已是傍晚了，遊覽車就載我們到淡水漁人碼頭逛一逛、看看夕照，然後就載我們去吃晚餐，用完餐後就送我們到淡水福格飯店Check-in，放好行李之後就解散，叫我們各自去逛淡水老街了。」哈！這叫做來過淡水！

因此，一旦聽到外地遊客在用餐時談到來淡水一遊之事，我大都會充當旅遊大使，主動過去與他們寒暄一下，問一問他們來淡水想去哪裡逛呢？或者請教他們來淡水遊玩，曾經到過哪些景點呢？但他們大都會說：「淡水老街、紅毛城、漁人碼頭。」

這時我會特別向他們推薦說：「來淡水遊玩，若只逛那幾個地方，就不算旅遊過淡水，若你們沿著淡水河邊走，沿岸會看到已近150年歷史的淡水教堂、馬偕來淡水傳教登岸的雕像，以及三角公園馬偕博士的銅像。過去以三角公園爲漢人與洋人生活圈的分界點，右邊是屬於漢人區，以紅樓、白樓（現已改建爲七層樓的華廈），及福佑宮、清水祖師廟、龍山寺、鄞公廟等漢文化建築爲主，左邊屬於洋人區，以淡水馬偕教堂、眞理大學校園裡的姑娘樓、牧師樓，及女子學堂與牛津理學堂等西洋建築爲主。

緊接著再沿著眞理大學的大教堂的道路往下走，會經過紅毛城，從紅毛城的山坡往淡水河邊眺望，會看到清朝時代因天津條約被迫開放的淡水海關碼頭，步行走過這段歷史的足跡之後，往右邊向上眺望，就是將捷集團開發的金鬱金香酒店，那兒有電影城、Shopping Mall，金鬱金香酒店旁就是和平公園、一滴水公園、劉銘傳的北門鎖鑰，以及林懷民的雲門舞集劇場與劇場旁的 Starbucks 等等景點。

外地遊客來淡水旅遊，若只會到老街一遊，實在太可惜了。

有一天，有一個家庭，包括 3 位大人，2 位小孩，他們全家利用暑假，使用政府的振興旅遊安心計畫，從彰化來淡水旅遊，前天晚上先住在漁人碼頭的福隆愛之船旅館，早上用過旅館爲他們準備的豐盛早餐之後，從漁人碼頭搭公車要到淡水老街逛逛，順便購買一些淡水名產回家送給親朋好友。他們一上公車就跟公車司機說，他們想要去淡水老街逛逛，請司機到淡水老街時，讓他們下車。公車司機不知道外地遊客對老街不熟，到了淡水圖書館站就請他們下車，但這個家庭成員，沒有人知道要去老街，只要向右往馬偕街的巷子，沿著下坡的路段行走即可到達老街。他們竟然往前沿著中山路走，花了 20 幾分鐘一直走到華南銀行。這時候約上午 11 點半左右，天氣很熱，肚子也餓了，就這樣走進吉野家淡水店避暑和用餐了。

我會遇見這個家庭，也是在我洗好餐盤後，主動出來巡視用餐區的顧客用餐情況時，發現這個家庭已用好餐，正坐在那裡閒聊，我主動走到這個家庭用餐的餐桌前說：「請問方便幫您們收拾及整理一下餐盤嗎？您們來淡水遊玩嗎？」這時這個家庭的男主人才回答說：「是的，老闆，餐盤可以收整了。對了，請問淡水老街怎麼走呢？」

「您們往前看，華南銀行旁邊那條街就是老街了。」「剛剛司機把我們放錯地方了，在淡水圖書館站就叫我們下車。」「司機在淡水圖書館站放你們下來，沒有錯，您們當時只要向右往斜坡方向走就是老街了。」「不過，因爲您們走錯路，才有可能來到吉野家用餐，我們公司也才能增加收入。」這時他們全家竟哈哈大笑了起來。

這個家庭願意全家出遊，讓我再次想起聖奧古斯丁所說過的一句名言：

世界是一本書，
不旅行的人，只看到其中的一頁。

然而淡水已有了淡海輕軌的交通建設，及到處有YouBike腳踏車、MOOVO電動腳踏車等設施，加之，有沿著河岸與溪邊的腳踏車步道，以及一條「公司田溪」蜿蜒繞過整個淡海新市鎮，來此旅遊的外地遊客，可藉由這些交通工具，延伸走到淡水每一個景點。

由於來淡水旅遊享有便利的交通工具，又有山與河交織的美麗景色，淡水眞的可稱之爲經典小鎮，所有的旅行者可以到這個經典小鎮來漫遊。

7. 老淡水人與老朋友相聚的地方

「您們好，您們是來淡水玩的嗎？」

「不是，我們是淡水人。」

「這位是誰？」

「她是我妹妹。」

「喔！我還以爲您是妹妹呢？」

「你眞會說話，我姊剛從臺南來淡水看我，我就住在英專路上而已，我在英專路已住了五十多年了。」

「對了，您們已用好餐了，方便我來幫您們整理一下桌面？」

「好的，謝謝！不過，檸檬紅茶我還要喝，杯子慢點收。」

「沒關係，您們繼續聊天。」

這是一個夏天的中午，我與一位來吉野家用餐的淡水在地人的一段對話。

其實，夏天的中午來淡水店用餐的顧客特別多，怕來店用餐的其他顧客沒有位置坐，我是藉機暗示她們，然而她們姊妹可能很久沒見面了，一聊天就聊個不停，直到要離開時，已接近下午 1 點半了。

離開前，這位銀髮族妹妹來跟我說：

「謝謝你這麼稱讚我很年輕。」

接著又對我說：「先生，你可以跟你公司建議一下，午餐可以提供像『朝（潮）日定食』一樣，比較多樣，也比較吸引人。」

「喔！是朝日定食，您看起有點像日本人，可能日本語是唸『朝（潮）日定食』。」

「但是我們朝日定食僅提供早餐到上午 10 點半，

以後您只要上午 10 點 29 分之前來到我們店，就可吃到朝日定食。」

「好！好！下次一定要來吃個朝日定食。」

這對銀髮族姊妹要步出餐廳大門的同時，拿起了陽傘，並撐開陽傘走了出去，但兩人的話依舊說個不停……。

然而無獨有偶的，又有一對銀髮族朋友在中午時刻來店裡用餐，她們選擇面對大門用餐區的四人桌位用餐，她們各點了牛丼 C 套餐，一邊慢慢用餐，一邊很愜意地閒聊。

我會知道她們點餐內容，係因爲我在廚房做好碗盤的清潔工作之後，以及內場暫時沒有需要我幫忙的地方時，我會隨時到外場巡視，一方面把用完餐且離開用餐區的顧客椅子歸定位，並擺放整齊，一方面把桌子上顧客用餐時留下的殘渣或水漬清理和擦拭乾淨，以常保持用餐環境的整齊清潔。

當時我看見這兩位銀髮婦女已用好餐，便過去跟她們打招呼，請示她們有否需要爲她們整理和清潔桌面，她們竟異口同聲的說：「可以。」

「請問妳們是來淡水旅遊的嗎？」

「不是！」

其中一位說：「我住淡水，就住在英專路尾。」

另一位說：「我住南部，來淡水找我這位朋友。」

「請問，您從南部哪裡來？」

「雲林。」

「雲林好地方，出產好咖啡，現在也有高鐵站。」

我隨口的說著，並說：「我幫您們收整一下餐盤碗具，茶杯裡還有檸檬紅茶，您們可慢慢地喝，慢慢聊。」

我知道，有朋自遠方來，不亦悅乎。雖用餐區顧客已陸陸續續地進來，我也不好意思暗示她們目前顧客很多，座位有限，就看著他們拿著茶杯繼續的閒聊。這讓我想起「朋友」這一首歌曲，歌詞有一段是這樣地寫著，「朋友，一生一起走，那些日子不再有……。」同時，又讓我想起孔子說過的一句話：「君子要有成人之美，不要有成人之惡。」我就讓她們倆聊到高興到她們想離開吉野家爲止。

這件事過後沒多久，我又發現有三位銀髮族女士，在吉野家淡水店進門右轉走到底的角落，一個四人座餐桌上聊得好開心。「Hi！您們好。」我很有禮貌的向她們問好。因她們已用好餐，餐盤也幫我整理好擺放在餐盤區的櫃子裡，桌上僅剩下三個水杯，就坐在那個角落，天南地北地閒聊，那種情誼令人羨慕。

「請問您們住附近嗎？」

「是的，就住在這附近，大家見面聊一聊天。」我沒有進一步問她們彼此關係，只知道她們是老淡水人，她們已把吉野家淡水店當作她們與朋友見面、吃飯、聊天的好地方。

這些老淡水人與朋友在吉野家淡水店聊天的故事，使我想起歌星姜育恆的一首老歌，朋友「有空來坐坐」歌詞是這麼寫著：

窗外車水馬龍，我的朋友們想必也在裡面穿梭不息吧

我曾經獲得了什麼？失去了什麼？正在追求什麼？

而答案，往往是在朋友來了之後，在開懷暢敘之間浮印得更清晰

而心情也往往在朋友走了之後，才莫名的安定下來

大家都忙吧！連彼此眞誠的相互關懷一下也要抽個空

也許這就是我們共同的悲哀吧！朋友眞的希望有空來坐坐

有什麼傷心話還沒有說，有什麼心事讓你不敢說

請你有空來坐坐，來坐坐

一杯紅茶，幾句實話，勝過那穿腸烈酒

歲月不曾改變什麼，只能夠盡興的生活

朋友，煩惱是這麼多

我們每個人都在承受

請你有空來坐坐，有空來坐坐

朋友，請您有空來吉野家淡水店坐坐～～來淡水店坐坐～～

第 5 篇

外場工作的樂與甜

與我苦有份的，與我的甜必有份，

那是我的應許，

我給你們的祝福。

—— www.lambsteps.com

1. 外場工作看見家庭教育

吉野家的外場工作與一般的餐飲業不同，沒有負責客人帶位與點餐，吉野家的點餐是由中場櫃檯負責，顧客自行找位置坐。

而我只要一到吉野家上班，店長或代行者一旦派我從事外場工作，我必定把用餐區的環境與清潔視爲重中之重。

而洗碗盤這項事務，也是外場工作之一，每當水槽裡的碗盤洗滌過後，即刻把碗盤放進大型洗碗機裡頭再次熱清洗一次，或者是廚房內場的工作暫時不需要我幫忙的時候，我會馬上走出廚房，巡視樓上、樓下的用餐區，及廁所一遍，看看餐桌上有否顧客用完餐沒有收整碗盤就離席的，就先把它整理一下擺放在餐盤回收區，以方便下一位顧客用餐；或是檢查一下餐桌上是否有顧客用完餐後留下的水漬或菜餚需要擦拭；或者是檢查地面是否有顧客用完餐後掉在地上的飯粒及菜餚需要清理的，以防止下一位顧客用餐時，不小心踩到飯粒及菜餚，造成整個地面黑汙汙的一片；或者到二樓檢查一下廁所有沒有髒亂，衛生紙是否有被丟棄在垃圾桶外面等等，以讓下一位使用者有個乾淨、衛生、清爽的舒適空間。到了中午 2 點左右，來店用餐的顧客較少時，我也會帶著酒精，拿著抹布把整個餐桌椅，及廁所擦拭和消毒一遍。

有一次我巡視外場時，看見一位出生未滿 2 歲的小女孩，坐在兒童餐椅子上，自己用吉野家提供給小孩子使用的小碗用餐，這位小女孩用餐後，把整個桌面和地上撒的到處是飯粒，他的父母親看到我過去清理，感到很不好意思的說：「我們原本用好餐之後也要清理的。」我說：「沒關係，我的外孫也是這樣，他在自己吃飯時，飯粒也是掉滿桌，這是小孩學吃飯必經的過程。」這對年輕父母聽了我安慰的話之後，就不再自責，及覺得不好意思了。

但更有趣的是，有一次，我在二樓巡視顧客用餐區情況時，發現一對夫妻帶著她們 2 歲多的女兒一起用餐，我發現那位小女孩自己用湯匙和小碗吃飯，餐桌桌面和地上竟然都沒有掉任何飯粒。

我很好奇的問她父母親說：「您們女兒自己吃飯怎沒掉任何飯粒在桌上呢？」

「我女兒從小就這樣，一有飯粒掉在桌上或地上，一定要我們幫她撿起來。」

「請問您女兒是處女座嗎？」

「不是，是牡羊座。」

哈哈！我只是藉題發揮，不見得每位處女座的朋友吃飯時，餐桌都會保持如此清爽乾淨。

又有一天晚上，來用餐的是一個家庭，父母親和他們一男一女的大孩子，他們點了四份感丼（牛豬雞和半熟蛋）A 套餐。等他們用完餐之後，他們已把四個碗盤碟子疊成一列，筷子也整齊地擺放在餐盤內，上面的飯粒和小菜全部吃光光，然後請他們的兒子把碗盤端到餐盤回收區擺放，這是我看見非常有教養的一個家庭成員來吉野家用餐。

但相反的是，我也有看到一個家庭用完餐後，全家人就離開用餐區，碗盤也不收拾，這倒也沒關係，不過餐桌上像是發生一場戰爭一樣，飯粒掉滿桌和滿地，湯和冰水布滿整個桌面，連湯碗與湯匙筷子也散落整桌，我必須趕緊為這個家庭清理桌面，用手拿著衛生紙撿起掉在地上的飯粒和菜餚，好讓下一位顧客有乾淨清潔的用餐環境。

更有時候，在用餐區偶爾也會聽到一些吵鬧聲。有一次我看見一位年輕女顧客拿著手機與手機遠方的老公或者是男朋友吵架，也不顧在旁一起用餐年約 5 歲的女兒的感受，就大聲地說：「看誰怕誰呀！」

「不給錢，你敢！」

「回去，我給你好看。」

這位年輕媽媽在電話中與老公吵完架之後，可能心情不好的關係，飯也沒吃完，碗盤碟子也沒收拾，就怒氣沖沖帶著女兒離去。我只好一一地來幫這對母女清潔桌面和收整碗盤。

其實在餐桌上吃飯的樣子與吃飯過後餐桌的整潔與乾淨，已暴露了「你的教養和家庭教育。」這如同蘇聯時期教育家蘇霍姆林斯基所說的，「父親和母親，你們在孩子身上延續自己。」

有一次我到用餐區收整碗盤，看見一位男顧客用完餐後的碗盤，讓我哇！哇！哇！目瞪口呆，兩眼驚艷到。這位男顧客餐碗裡一顆飯粒也沒有，乾淨到像洗碗機洗過的碗一樣的清潔。我還特地向這位男顧客比起大拇指按「一百個讚」。

這件事讓我想到唐朝李紳的一句詩詞，「誰知盤中飧，粒粒皆辛苦。」雖然這是一句老生常談的詩詞，要我們愛惜糧食，懂得每一粒糧食都來之不易。但在我洗碗的過程當中看到能夠把每一粒飯都吃得如此乾淨者，真的不多，不是整碗飯都沒吃，就是碗裡的飯沒吃完，像長天花或者像是長水痘的臉一樣。

小時候父母親常會對我們說：「若碗內的飯吃不乾淨，以後長大會娶到花臉的老婆。」所以我們小時候很害怕長大後會娶到麻子臉的老婆，吃飯時都會很努力地把飯扒光光。

其實把飯吃乾淨、扒光光也是對自然造物者懷著一顆感恩之心。

2. 日本母女的驚嚇

但在從事外場工作，有時也會遇到不愉快的事。有一次在新型冠狀病毒（COVID-19）疫情期間，吉野家公司爲了讓來店用餐的顧客能安心用餐，避免近距離接觸和傳染，指示各店，「把用餐座位減少，座位與座位之間距離拉開，原先擺放 4 張桌子的地方，改放 3 張桌子；擺放 4 張椅子的地方，需空出 2 個位置，只能斜對座。」以減少顧客之間近距離接觸。因此，用餐時儘量讓顧客不要群聚坐在同一個餐桌上。

然而在一個梅雨季的下午，大約 6 點半左右，我看見有對母女安靜的坐在進門的一個大餐桌上用餐，母親神情優雅的坐在餐桌上閱讀她的日語小說；臉上充滿母愛的陪伴她的女兒靜靜地享受晚餐。

當時我正在廚房洗碗，突然間聽到一位男士顧客大聲叫罵，以及聽到大力拍桌子的聲音。我急急忙忙地跑出去了解到底發生什麼事情，竟然看到一幅可怕的景象。一位高大的男士，竟對著一對母女大聲吼叫，及大力拍桌子，整個桌子和地上濺滿一灘灘冰檸檬紅茶飲料的水，這對母女對突如其來的吼叫與拍桌子聲音，驚嚇在座位上，無法言語。

我過去安撫，並拿起抹布擦拭桌上的冰檸檬紅茶水，頻頻的跟那位男士道歉，那位身材高大的男士一直對我抱怨說：「因為旁邊的桌子太小了，我跟這位女士說，我能不能坐在她們母女旁邊用餐？她竟然對我說，不方便，因她們還在用餐，眞是氣死我了。」

「先生，對不起，她是日本人，可能聽不懂您說的話。」此時，這位先生更生氣了，再次大力拍桌子說：「什麼！日本人，日本人有什麼了不起。」這位先生吼得更大聲，這時這位日本媽媽和她就讀淡水鄧公國小二年級的女兒，四眼直視著我，木呆坐在用餐的椅子上。我發現再這樣下去，這位氣沖沖的先生一定會對此事沒完沒了。就趕緊端起這對日本母女的餐盤，請他們先移位，換一個較遠的位置坐，可是這位高大又氣沖沖的先生，因為自尊心受損，仍舊在那拍桌子大聲吼叫。我發覺情況在這樣下去，鐵定會出事，趕緊護著這對日本母女離開用餐區，送她們到門外，並頻頻的向這位日本母親說道歉。但當我護送這對日本母女到門外之後，她的女兒因受驚嚇的關係，竟在餐廳外嚎啕大哭了起來，我內心眞是感到不捨，再次點頭頻頻地向她們說聲「對不起。」也跟這位日本媽媽說：「希望您們不要受這件無理取鬧的事的影響，以後不來吉野家用餐了。」這位日本媽媽跟我點頭說：「會的，我們還會再來用餐的。」

處理好顧客之間的座位紛爭之後，回到廚房洗碗盤，一邊清空回收區的碗盤，也一邊回想著這一件事，尤其是這對日本母女驚嚇的事。此時回收區的碗盤已不知不覺被我清空完畢，就在用力把回收區的鐵門關起來的那一剎那，正準備洗碗盤時，我慘痛叫了一聲，我的大拇指不小心被鐵門夾到流血了。我的同事品源看見此情況，非常熱心的跑到店裡頭的醫藥箱尋找 OK 繃貼布，想要幫我包紮。很不幸的是，OK 繃剛好用完，就建議我趕快到公司外面的藥局購買。

我正準備外出購買的當時，外面也正好下著 6 月梅雨季節的細雨，只好隨手拿取雨傘，趕緊外出，到附近的柏聯藥局購買防水 OK 繃，我在藥局裡面已先請藥師幫我包紮，這樣我對傷口的處裡也比較放心。

雖然不幸的事情已發生，心情不應受影響，也許管理情緒最好的方法是：「要常常喜樂，凡事謝恩。」我依舊保持一顆平靜喜樂的心，再回到廚房繼續洗碗，爲了防止傷口被感染，這時我雙手套上塑膠手套來防護。

洗碗盤告一段落後，我到用餐區巡視，剛剛那位氣沖沖的先生也用好餐，與他的太太起身離開餐桌，往大門的方向走了出去。我看見他們並沒有把碗盤收好，端到回收區擺放，就整個置於餐桌上。整個餐桌的景況可說是杯盤狼藉，點的餐也一大半沒吃完。我只好拿起身上的抹布與酒精瓶，把這個餐桌整理乾淨，好讓下一位顧客能有個乾淨的餐桌使用。

看到這位氣沖沖男士的表現，我也只能用一句話來形容：

吃飯，看出教養。

生氣，看清人品。

可是此事過了好幾個月了，我再也沒見過這對日本母女來吉野家淡水店用餐，只看到其他日本媽媽帶著她們心愛的小孩高高興興的來用餐。我真希望能夠再看到這對母女回到吉野家，也能夠再看到一位母親一邊拿著小說在閱讀，一邊陪著女兒用餐的畫面，這種充滿親情的晚餐畫面，怎不讓人羨慕呢？

3. 年輕學生的魅力

每到了下午放學時間，大約 5 點到 6 點左右，吉野家淡水店會湧進一群學生，有淡江中學、淡水商工的學生，還有國中生及小學生，甚至到了晚上 8 點到 9 點左右，偶爾也會湧進晚自習剛下課的淡江中學的學生。我發現這群學生有禮貌有秩序，雖然說話的聲音音量大了點，有時也會嘻鬧一下，但那就是年輕人。然而我發現他們來吉野家用餐大都點套餐，點餐的金額大約介於 124 元至 200 元之間，以此年齡來看，他們的消費能力顯然不差。他們比較喜歡點牛丼、韓泡牛丼、親子丼飯、柳葉魚、可樂餅、巧克力或草莓鬆餅，以及冰紅茶。

有一次我照例巡視一下外場，看見一群穿著制服的高職學生，總共七位。他們已用好餐，但餐具尚未收整，幾乎每位學生拿起手機在餐桌上玩起電玩遊戲，此時我準備過去為他們收整餐盤。這群學生看見我要幫他們整理餐盤，讓我沒想到的是，每個人馬上停止手邊的電玩遊戲，不是要讓我整理，而是他們想要自己整理，於是有幾位同學就起來開始收整餐盤，並且拿到餐盤置物區擺放，我看見他們的舉止，眞讓我感動，因他們的行為做了很好的榜樣。

我依舊用同樣的問話方式問他們說：「請問你們現在幾年級了呢？」

「高三，準備考大學。」

「請問你們想讀什麼科系呢？」

「英文系、不知道、觀光系、餐飲系。」

「喔！讀英文系出路廣，什麼行業都需要英文；護理系畢業最好找工作，一般的薪資待遇至少有 3 萬 6 千元以上；觀光系畢業的學生現在受疫情影響的關係，就業市場很慘淡，不然帶團的待遇非常優渥，尤其是日本線與歐洲線的收入蠻好的。而餐飲系畢業，若只是在餐廳當服務員，工作辛苦待遇比較低，除非自己當老闆或是成為頂級廚師。但千萬別讀企管系，這個系什麼都學，什麼都不專精，因剛畢業的學生缺乏管理的實務經驗，企業很難給予重任。」

這只是我個人的看法，分享給他們參考，也許不是很完全正確。

某天，我被分派支援吉野家民權西路店，到了傍晚 5 點左右，來了三位成淵高中的學生來到櫃檯點餐。他們看了一看菜單之後，對著我微笑地說：「阿伯（臺語發音）！你好，我要點雞丼加 C 套餐（毛豆和冰紅茶）。」我聽了這位高中生很有禮貌的稱呼我：「阿伯！」當時我內心裡先愣了一下，然後慢慢回神過來，怎不叫我：「大哥！」我來吉野家工作，還是第一次被稱呼「阿伯」。

我還特地的問這位學生：「我戴帽子及戴口罩，你還看得出我的年齡嗎？」

「會啊！」

聽到這句「會啊！」我是當場有點崩潰，我外表真的已是阿伯級的人了嗎？不過還是自己安慰自己一下，「我的心智與心態還是很年輕的。」

又有一次，我遇見兩位淡江中學國中部的學生在二樓用餐，他們快用完餐了，我對其中一位男同學說：「你的功課一定很棒，考上建中應該沒問題。」

「你怎麼知道？」旁邊另一位女同學好奇的問我。

而我也開玩笑的說：「我一看他的面相就知道。」

「你好厲害喔！」

被我說中的這位男同學，就對著我說：「你看起來很像是位老師。」

「你怎麼會這樣認爲（我是老師）呢？」

「看你臉像和談吐就知道。」

聽了這句話，我只是莞爾一笑，沒有正面回答他的問題。這位男同學的言語不輕浮，且隨事說造就人的好話，叫我這個「謝大哥」、「阿伯」聽了以後，很得益處。

而有一件很有愛心、肯定別人的事，就發生在某一天星期五的晚上，大約接近 8 點左右，一群學生總計六位，嘻鬧地走入淡水店裡，準備享用晚餐，但他們看了菜單不知要點什麼餐點才好，負責站櫃檯的同仁嘉玲姊就推薦套餐，這樣比較省錢又可品嚐多樣的餐點，於是他們就照著嘉玲姊的建議，點了一套六人份套餐，包括各二份牛皿、雞皿，及豬皿，及各二份韓式泡菜、四川泡菜、毛豆，以及六碗白飯和六杯冰紅茶，總計 799 元。

他們就選在用餐區最靠裡面、廚房邊的 2 張四人座的餐椅上用餐，大約不到 30 分鐘，他們已用好餐，便在座位上各自拿起智慧型手機玩起電玩遊戲了。因爲到了晚上 8 點以後，從事外場工作的人員必須開始做清潔與打掃的工作，由於星期五來用餐的顧客比平常還要多，我忙到 9 點多才有空做清掃的工作。我打掃到他們桌子旁邊，看他們每個人都在玩手機，好像是一起在玩一個電動遊戲比賽一樣，我不好意思打擾他們。

便說：「你們吃飽了嗎？方便我來爲你們整理一

下？」

這時其中有幾個同學放下手機，臉往上朝著我看，嘴裡說：「可以。」

我一邊收整，一邊問他們：「你們是淡江中學的學生嗎？」

「不是！我們已是大學生了，剛考上大學。我們剛從麗山高中畢業，我們從內湖騎單車到淡水來玩，待會還要騎回內湖。」

「哇！年輕眞好。」

「你們看起來很年輕，我還以為你們現在是高中生。我兒子就讀內湖高中，當年他沒有考上麗山高中，不然就跟你們同校了。」

其中一位同學就微笑地對我說：「內湖高中也很優秀。」

「年輕人，你好會肯定別人，請問你們大學都考上什麼科系呢？」

「他是教育系、我是沒有系，我下星期才知道我上哪個系。」

「我有聽說現在進入臺大是不分科系的，有沒有人考上理工科系的呢？」當時在座的麗山高中學生沒有人回答，可能他們不是就讀第二類組吧！

他們看到我正在收整他們的餐盤，有幾位同學應該覺得不好意思，也一起幫忙收整起他們的餐盤，並主動拿到餐盤區擺放了。沒多久，這一群麗山高中的學生就一起走出餐廳的大門，我也向著這群年輕人喊了一聲：「謝謝光臨。」

年輕人的魅力真的就在於「年輕」，年輕力壯有本錢，不怕犯錯，有許多可以揮灑的空間。聖經裡有句話說：「不要小看你年輕，總要在言語、行為、愛心、信心、清潔上都做信徒（或做別人）的榜樣。」

我每次看到年輕人總是投以羨慕的眼光，也好希望能夠再回到年輕的模樣，但現在已做不了「少年兄」，只好當個「黑狗兄」，讓自己心態變年輕。既然生命的長度是由上帝來決定，何不多為自己創造生命的寬度呢？就多做一些造福別人的事，讓生命的寬度更為寬廣。

4. 廁所裡的祕密

以前在政府部門上班時，與各國來訪的外賓開完會之後，經常會有個午宴或晚宴，藉此進一步增進彼此情誼，我們招待外賓挑選餐廳的條件之一，即是先觀察那家餐廳的廁所乾不乾淨。我們總認爲餐廳的廁所乾淨了，廚房也一定很乾淨。有時候到西餐廳，餐廳會特別把廁所布置得很雅緻，廁所牆面會掛幾幅壁畫，甚至做一些造型放在裡頭，讓人賞心悅目，因爲廁所乾淨與否，關係到顧客對餐廳的評價，及管理水準。

所以我在吉野家工作，一旦輪到我從事外場工作時，我一定會去巡視廁所清潔狀況。

我在吉野家清潔廁所時，發現女用廁所比男用廁所更須要用心打掃，女用廁所的垃圾桶裡的衛生紙經常會滿出來掉到地上，甚至有時候會發現有血跡在馬桶邊或地上，這是女生月經來時，不小心所滴下的血漬，她們並沒有把它擦掉，上完廁所就離去了。爲了給下一位顧客能放心及安心上廁所，我看到此情況，即使矇著眼睛也要用手拿起衛生紙把這些血漬擦拭乾淨。尤其是在疫情期間，有些女生特別有潔癖，上廁所之前會先用衛生紙沾上吉野家所提供的酒精，擦拭馬桶坐墊。但擦拭過後，衛生紙不敢打開垃圾桶蓋丟進垃圾桶內，直接就擺放在垃圾桶蓋上面，眞叫人不敢領教。

而男用廁所雖看起來比女用廁所乾淨，但主要問題是，男生小便的尿滴常會外漏在馬桶外或小便池外，若不常去清潔，便會傳出異味來，所以我打掃男用廁所時，一定會拿拖把將男廁地面來回拖洗幾次。甚至有時候男士們尿尿時一不小心，會把尿尿在馬桶的周圍，爲了讓下一位男士上廁所有好味道，我必須拿起衛生紙，將衛生紙來回摺疊好幾層之後，再去擦拭馬桶的周圍。

曾經有一次在吉野家淡水店的二樓男用廁所，傳來了要求打掃廁所的求救聲。說求救聲，一點也不爲過，因我到二樓的男用廁所一看，任何人都會想嘔吐，當時的情況是馬桶坐墊是往上擺放的，馬桶大便池的周圍全是糞便，不是長條狀的，而是像米漿狀的。這位男士可能大號很急，或者上大號者有潔癖，不敢坐在馬桶坐墊上，有可能用蹲的上大號，才沒有對準馬桶，導致此慘狀。

我看見這種慘狀，一不作、二不休的抽起廁所裡的滾筒衛生紙，摺成好幾摺後，用手直接去擦拭與清理，好讓等著小便的顧客能早點得到生理上的紓解。

這也是爲什麼來吉野家打工的年輕人，不是很喜歡做外場工作的原因之一。

然而很有趣的是，有一次在吉野家淡水店打掃女用廁所，一進門，驚覺在廁所垃圾桶蓋上面怎會有一件已使用過或穿過的女用 Bra-Top 衣服呢？而馬桶前面又有衣服標籤被丟棄在地上，是不是電影警匪片或間諜片的變裝秀的情景在此上演呢？但好奇的是，這位女士爲什麼不乾脆一點，就把她不要的 Bra-Top 衣服直接丟進圾桶內呢？新衣服的標籤爲何要丟在地上呢？直接丟進垃圾桶內，不就沒事了嗎？

反正我也不知道原由，我也不太敢用手直接去碰觸這件 Bra-Top 衣服，仍舊小心翼翼的拿起衛生紙，用衛生紙包裹我的手，再去拿這件衣服，放進垃圾桶內。

不是只有女用廁所才有祕密，男用廁所也有。我好幾次在晚上 8 點左右，打掃男用廁所時，總會發現有人把一捲的衛生紙盤旋好幾圈，像似眼鏡蛇般要攻擊人時身體盤旋樣，置於馬桶蓋上面。說也奇怪，爲什麼不把這些衛生紙丟進拉圾桶內，不就沒事嗎？，爲何一定要放在垃圾桶蓋的上方呢？起先我不太敢用手直接去碰觸這些盤旋狀的衛生紙，深怕會有什麼問題，就用手上的抹布去接觸它，把它撿起來，再打開垃圾桶蓋，丟入垃圾桶內。

過沒幾天，男用廁所又看到此情況，我就不用手裹著抹布去撿它，就用掃把直接掃在畚斗上。我猜想，這位男顧客一定有很大的潔癖，不然有需要一直抽取滾筒盒裡的衛生紙去擦拭馬桶嗎？或者本身有受到刺激，得了精神病，才會有此異常行爲出現呢？

現在每次看到男用廁所又有此情況發生時，我就知道這位男顧客又再次光臨淡水店了。好想學一學柯南，來破此案，找出這位潔癖男顧客的廬山眞面目。

然而有一天我把此件事情與代行者小柏分享，小柏說：「謝大哥，你不用當柯南了，哪一天這位顧客來店裡時，只要他一上二樓，我會馬上通知你也上二樓，你就在男用廁所門邊聽聲音，若有聽見一直抽取衛生紙的聲音，你就馬上敲門制止，我已好幾次警告過這位男顧客了。」「喔！原來他也是淡水店的常客。」

「謝大哥！謝大哥！快！快！快上二樓！」有一天晚上，小柏在櫃檯對著正在廚房裡工作的我喊著，「小柏，什麼事？」「那位有問題的顧客已上二樓，趕快上去二樓！」我連忙丟下手邊的工作，就衝上二樓的廁所。此時在廁門邊就聽見沙！沙！沙！一直又一直在抽取衛生紙的聲音，我沒有對著廁所內的顧客說些什麼，只連續敲了廁所門「咚！咚！咚！」好幾次，突然間廁所裡抽衛生紙的聲音靜止了。我沒有出聲，就轉身站在二樓餐桌區等著這位顧客從廁所出來，以親睹這位男顧客的廬山眞面目。

沒多久聽見廁所的開門聲，這位愛把衛生紙抽得長長的丟在地上的神祕顧客，終於被我認出來了，原來是「他！」。

我看見此景況，分析這位潔癖男顧客使用廁所衛生紙的行爲來看，基本上他是有精神異常的問題。過去我曾經在精神病醫院服務過，也對精神病患稍有了解，在醫院服務期間，曾經聽過院長林先生說過，「精神病患者若是天生遺傳的，只能靠藥物控制，是醫不好的；若是後天被刺激或壓力造成的，靠藥物醫治是有可能復原的。」

我眞希望這位潔癖男的行爲是後天造成的，期望有一天，他的精神病能夠恢復正常，成爲一位快樂的人。也願上帝保佑！

5. 觀察顧客餐盤，看見人品

在吉野家打工，我似乎已被定位在外場的工作。基本上，外場的工作一般人，或者可以這麼說：來打工的年輕人是眞的比較不喜歡做，因爲會被認爲比較不專業及需要做一些他們平常就不習慣做的清潔工作。其實，外場工作是餐飲服務業的核心，因可以近距離觀察到顧客用餐情況、顧客需要服務的地方，以及顧客對餐點的反應與喜愛程度等等。這些情況是可以提供給吉野家管理階層做爲決策的參考。

從事外場工作有一項是清洗碗盤、杯子、筷子及湯匙，若清洗不乾淨，一定會影響顧客對吉野家的滿意度。若用餐區的餐桌、椅子上不乾淨，廁所髒亂味道不好聞，以及地面飯屑掉滿地，也都會影響顧客用餐的情緒。

有些人到餐廳用餐時，會習慣先觀察這家餐廳的廁所乾不乾淨，總認爲廁所馬桶、地面、垃圾桶有清潔乾淨，廚房也必定會是清潔乾淨的，招待朋友用餐或家人聚餐時，會比較放心與安心。

從事外場工作的另一項核心內容，會觀察顧客吃剩的菜餚所隱含的意義，我每次在洗碗盤時，就可近距離的觀察到。例如：有些顧客把菜餚吃光光，不留一粒米飯和小菜汁，整個碗乾淨得像已經清洗過的碗一樣，讓工作人員覺得蠻有成就感；有些顧客則一整碟泡菜或毛豆都沒吃，就留在餐盤上，甚至留下整碗飯，只吃飯上面的牛豬雞丼。有時也會觀察到吉野家新開發的產品，顧客喜好程度。若每次顧客都吃光光或僅吃一點點或都不吃，即可透露新產品是否能滿足顧客的需求。例如：吉野家開創的燒肉丼產品，因爲能滿足顧客的需求，後來就變成常態商品，而不是季節商品。最近吉野家新創的「鮮蔬金沙雞肉丼」我品嚐起來很符合我的胃口，尤其是白色的鹹蛋醬，吃起來很有淺淺的鹹蛋味，但我從洗碗時，看見顧客留在碗中的內容物，即可知曉這個季節商品是否能抓住顧客的味蕾。據我不完全的統計，10 位顧客當中，僅有 2 位顧客會完全吃完，7 位只吃雞肉不敢吃金沙，會有 1 位整碗都沒吃。顯見這件新創的季節商品，顧客反應未如預期，這與顧客無法接受那白色的醬汁有關。

但是自從吉野家公司推出麻婆雞肉丼，及胡麻冷麵牛肉丼等新的季節產品之後，我個人覺得這些季節產品銷售不錯。一是，與廣告宣傳有關，以前吉野家對新產品的行銷只是採用平面廣告，這一次有新的突破，採用立體廣告，就像國慶日在街道上掛國旗一樣，路過行人會特別停留下來，看個究竟。二是，我洗碗時發現這兩樣季節商品的碗內菜餚，顧客幾乎吃個精光，顯見商品有抓住顧客的味蕾。而此次行銷採立體廣告的作法，很符合行銷學中AIDMA（Attention, Interest, Desire, Memory, Action；注意、興趣、慾望、記憶、行動）作法中的第一個A, Attention，優先引起路過顧客的注意，才會讓顧客採取行動購買。

然而在整理與端盤子準備洗碗的過程中，最有趣的事情是，觀察顧客用餐後，擺放筷子的種種方式與有趣樣子，值得一談。

每次從事外場工作，關心顧客用餐情況是必要的。有些顧客用完餐後，會把餐盤擺放在回收區，有些則直接放在餐桌上就離去，若不去整理，會馬上影響下一位顧客用餐的情緒。有些顧客用完餐之後，筷子沒有擺放在餐盤上，就直接插在餐碗裡頭，像是插在香爐上一樣，在臺灣的習俗裡頭，這是非常忌諱的事，但大部分會這樣做的人，大都是年輕顧客，比較不懂習俗。

另外，我發現一個有趣現象，絕大部分的顧客用好餐後，筷子就直接平放在餐碗上，像極了鐵軌懸空在被沖刷掉的泥土中，鐵軌隨時會掉落一樣，令人很沒安全感。這種擺法最不方便我端盤子到回收區，因爲只要手一搖，筷子就很容易掉下來，一不小心就會掉在地上。因此，每次我在收整盤子時，一定會再將筷子拿起來，平放在端盤上。

而我也發現最有生活經驗的顧客，就是用好餐之後，筷子會很整齊地擺放在餐盤上，方便外場工作人員收整碗筷，端到回收區。

但讓我意外觀察到，在吉野家從事外場工作這段期間，發現絕大部分的顧客用好餐之後，就離開座位。能夠順手把椅子歸定位、桌子擦乾淨者，寥寥無幾。

所以從一個人用完餐之後，餐具擺放情況、碗中剩下的食物，以及吃飯時的儀態，就可看出他的人格，這種人格，就是「教養」。

臺灣作家林清玄先生說道，「吃不僅是一種文化，更可以成爲一種修養。吃，這種簡單的行爲，呈現著多種態度。」林先生接著又說：「有些人吃像粗野，有些人吃飯優雅，有些人吃獨食，有些人喜分享，有些人不顧禮節，有些人處處周全。」

顯然從吃飯這個小細節，就可看出大智慧來，雖然不能說完全正確，但也有它一定的道理存在。

6. 失意的男人——婚姻是愛情的墳墓？

在一個星期二的晚上，大約 9 點一刻，來店裡用餐的顧客較少，我在廚房做好親子丼飯給顧客後，就到外場巡視，看看桌椅有沒有排整齊，餐桌上乾不乾淨。這時，我看見用餐區的一個角落坐著一位男士，已用好餐有一段時間，但他的眼睛卻定在他的手機螢幕，手指亦不停地在手機上滑來滑去。我走到他的餐桌前面，身體微微靠近他說：「先生，方便我幫您整理一下餐桌嗎？」

「好！好！」他好像突然被我叫醒，失了神似的回答我的問話。

「可是您的檸檬紅茶都還沒喝呢！飲料杯子要不要留下來，坐在這裡慢慢地喝呢？」我面帶微笑，並帶著柔和的語氣關心著他。

「對喔！我的飲料都還沒喝，我都忘了。好的，飲料先留下來。」這位先生自言自語的說。接著他來不及等我回話，話匣子一打開，就一直的對著我說：「我還沒走出離婚的陰影，我走不出離婚的陰影，我內心好痛苦！好痛苦！」

「您怎麼了？離婚就離婚了，但可重新再來。」

「我沒辦法重新再來，是我老婆有外遇，我走不出來。」

「您可找心理師諮商一下。」

「哪裡有呢？」

我停頓了一下，沒有正式回答他這個問題。

「請問您有小孩嗎？」

「我們生了二個小孩。」

「您扶養嗎？」

「不是，都歸給我前妻扶養。」

「您的小孩多大年紀呢？」

「一個小四，一個小六。」

「請問您前妻有工作嗎？」

「有啊！在淡水從事美容美髮，就是那個男生常去給我前妻按摩，才發生外遇的，那位男生只不過是賣汽車的 Sales 而已。」

「您前妻一定長得很漂亮，嘴巴講話很甜那一類型的嗎？」

「是的，她化妝起來很漂亮，身材又好。」

「很不好意思，請問您前妻月收入多少呢？怎能扶養起兩個小孩呢？」

「她月入應該有 6 到 7 萬。」

「喔！蠻高的。」

「再冒昧的請教您，您從事何種行業呢？」

「我從事街頭藝人工作。」

「在淡水河邊工作嗎？您是位演唱者嗎？」

「不是，是街頭畫藝術人像。我現在心很煩，已有半年沒去工作了，我到現在還走不出來。」

「當初沒找人協商或心理諮商嗎？」

「有啊！找教會牧師。」

「您是基督徒嗎？在淡江教會聚會嗎？」

「我和前妻都在聚會所聚會。」

「什麼基督徒？都是騙人。若是，我前妻怎會有外遇呢？我也找過教會的牧師與會友，都沒有人要理我們，說這件事是你們夫妻的事，你們自行解決。」但說的也是，信仰不能看人信，若看人才信，是會跌倒的，因人沒有一個是完美的，信仰是靠你跟上帝的關係，這樣才能歷久彌新。

「請問，您現在還有去聚會所聚會嗎？」

「沒有，我不去了。我現在很痛苦，還走不出離婚的陰影。我辛苦賺的 2 間房子沒有了。我一夕之間辛苦賺的錢完全沒有了，家也沒有了，一個幸福的家庭也毀了。」

我實在無法安慰他，只能繼續聽他訴苦和抱怨。

記得劉幸枝牧師曾在一個講道**「在愛情的墳墓中經歷復活」中說過，在婚姻裡頭「有幸福與辛苦、有成就與遷就、有容忍與殘忍、有牽手也有分手，有從找協調師到找律師。」因此，若要讓婚姻不要變成愛情的墳墓，我認爲「成就對方與容忍對方，相互扶持，把不美好的事造就成美好的事，或許才能找到幸福吧！」**因爲人的一生不可能永遠平順，沒有風浪。

《聖經》裡頭不也這麼的說著，「在世上你們有苦難，但在基督裡有平安。」

這時有夜歸吃宵夜的顧客進來，廚房請我做二份親子丼飯給顧客，就暫時離開了這位先生，等我做好餐點想再去聽聽他訴苦的話時，他已黯然離開了。

這時使我想到《聖經》〈傳道書〉裡的一句話：

凡事都有定期，天下萬物都有定時；

哭有時，笑有時；哀慟有時，跳舞有時；

尋找有時，失落有時；保守（得到）有時，捨棄有時；

人生不就是在哭與笑、悲與喜、捨與得的事當中不斷的交織著，因此，無論您遇到幸與不幸的事，都要珍愛每一天，才能走出傷痛。

明代詩人楊慎的詞——〈臨江仙〉，就把人生描述得很透澈：

滾滾長江東逝水，浪花淘盡英雄。

是非成敗轉頭空，青山依舊在，幾度夕陽紅。

……

古今多少事，都付笑談中。

失意的男人，人生苦短，就把這一切交託給上帝！一切都付笑談中吧！

7. 吻痕——青春的荷爾蒙

一對男女高中生就坐在吉野家淡水店用餐區，顧客取用紅薑絲與七味粉的櫃子旁邊的座位，男同學把腳擺在女同學的大腿上，身體躺在女同學身上，頭擺在女同學的的肩膀，偶爾會去親吻女同學的臉頰及嘴唇，好像全世界只有他們倆一樣，無視正逢下課與下班時刻，熙熙攘攘來店裡用餐的顧客。我走到櫃子旁整理餐盤，他們也無視於我的存在，繼續他們的肢體的擁抱。

這都是荷爾蒙在作祟，

像極了亞當與夏娃……

我回到廚房問工讀生如芸，如芸是眞理大學大四的學生，我問她說：「妳有看見那對高中生擁抱的樣子嗎？」「有啊！超誇張！」「妳高中時有沒有談過戀愛呢？」「有啊！」「會像他們那樣嗎？」「我才不敢在眾目睽睽之下做那事呢？」「我眞想故意不小心在這對男女高中生的頭上灑一瓶冷水，讓他們清醒一下。」我開玩笑的說著這句俏皮的話，竟引起廚房裡的一陣笑聲。

在吉野家的淡水店，因離淡水捷運站與公車轉運站很近，常常在放學時間會有淡江中學的男女情侶，以及淡水商工的男女情侶，甚至也有年輕的異國情侶，會到店裡面來用餐，淡水店可說是他們放學後談情說愛與約會的地方。常看到他們一邊用餐，一邊親熱互相擁抱的畫面，好像此時此刻全世界就只有他們兩個人存在似的，這就是青春的輕狂與詩意，俗話說：「人不輕狂枉少年。」

說到青春的荷爾蒙，讓我憶起兒子讀高中時，有一天，補習班的老師打電話給我說：「你兒子沒有來補習班上數學課。」我聽了以後，有點震驚與生氣，但還是跟補習班的老師說聲謝謝，就馬上結束通話。按掉通話按鈕，拿起手機，急忙撥電話給我兒子，問他在哪裡，我兒子說：「他到K書中心K書去了。」兒子雖然跟我說到K書中心K書，做爸爸的我，是不會相信的。

我想了解兒子情況，就搭捷運到臺北南陽街的這家K書中心找他，其實我是怕他做錯事，才會去找他。回憶起高中時，我有位就讀臺南二中的好朋友，因高一就開始談戀愛，不小心讓對方懷孕，就娶回家當老婆，沒多久就離婚了，我的好友因無心唸書，也辦休學，當兵去了。

我兒子不知道我已經來到K書中心，我跟K書中心的管理員表明身分後，進到K書中心裡頭尋找兒子，發現兒子正跟他的女朋友談戀愛，爲了尊重他們的隱私權，我也沒有打攪他們，就在這家K書中心的樓下再次打電話給我兒子，請兒子跟我搭捷運回家，兒子最後聽從父親的話，離開K書中心。在去搭捷運回淡水的路上，我並沒有責備我兒子，一路上只談起我好友的故事讓他思考，抵達臺北車站，搭上捷運之後，在車廂裡頭，我倆父子靜默不語……。

哈！這也是青春的荷爾蒙在作祟。

然更有趣的是，在一次的星期五晚上，我到二樓巡視外場，順便檢查一下廁所的垃圾桶裡面的擦拭物是否已滿與馬桶四周是否乾淨，以及餐盤回收區裡的碗盤多不多，並接著檢查用餐區裡的地面和桌面乾不乾淨。我走到一桌坐有六位年輕人的餐桌，他們已用好餐，正在那裡聊天。其中，有位穿著淡江中學制服的女學生，她的長相有點像港星關芝琳，我看到她時，就順便問她說：「妳男朋友怎沒來？」「我跟他吹了。」「喔！是喔！或許下一個男人會更好。」「你就是上次那位問我泡菜怎都沒吃的那位叔叔嗎？」「對呀！妳記性眞好。」「妳長得這麼漂亮，不要太早交男朋友，記得上大學之後再交男朋友。」她靦腆地對著我微笑。

這位像極了關芝琳的女同學的左邊剛好坐著一對穿著便服的年輕男女，右邊坐著三位穿便服的年輕人。我正準備整理他們桌上的餐盤時，看見鄰近我身旁的這位男同學的脖子上有個深深的吻痕，我半開玩笑地對著他說：「你女朋友好熱情喔！把你吻得那麼深，哪位是你女朋友呀？是不是右邊那位？」其他人就開始起鬨，「對！對！坐在旁邊的那位就是。」他們這麼一說，我特地看他的女朋友的表情一下，發覺他的女朋友一點也不覺得尷尬，很大方，只是笑一笑。我接著說：「下一次親吻你男朋友時，可以把他吻大力一點，最好是把妳的牙痕烙印在他的脖子上，你男朋友就會一輩子記得妳，永不變心。」

哈！哈！又是一陣哄堂大笑！

這個吻痕像極了青春的荷爾蒙……

「你們看起很像大學生，讀哪科系？」這群穿便服的年輕人還沒等到我說完話，就開始一個接著一個鬧哄哄的說：「我們都是龍華科大的學生，我們都是機械系的學生。」

「現在大幾了呢？」

「我們是五專三年級。」

「龍華科大，好學校，就業率高，我姪子是龍華科大研究所畢業，現在在臺南科學園區工作。」我這麼說是要用積極正面的話勉勵他們。

青春的荷爾蒙總是喜歡作祟，但青春就是如此的美好，讓人戀戀不忘，因為那是一段如詩似夢的時光，也是一段憂愁的時光。不管是心酸、歡笑，還是一直跌倒，我們這一群樂齡的阿桑或阿伯，回想起那段青春的荷爾蒙時光，臉上也總會綻放出一絲絲的微笑。

8. 父親的愛——手機遊戲的誘惑

吉野家淡水店到了晚上 9 點左右，常會有六位左右的淡江高中的學生來用餐，或許他們剛晚自習結束來吉野家用餐，用好餐之後，總會來一場手遊比賽，一起打戰、一起歡笑，對已是銀髮族的我，總會投以羨慕的眼光，感覺青春無價。

不過，我總發現有一位淡江中學的學生，常獨自一個人，大約晚上 8 點左右來吉野家的淡水店用餐。他算是吉野家的常客，每次晚餐大都點特盛大，A 餐組合，再加購唐揚雞塊一份。可是餐點到齊後，他並沒有馬上用餐，先讓餐點整齊的擺放在餐桌上，只見這位高中生拿起他的手機拼命的玩起電玩遊戲，一個小時過後才會開始享用他的晚餐，但用餐的速度很慢，像是在品嚐美食般的在咀嚼著食物。剛開始我並不清楚是何用意，還問他是不是在等同學過來一起用餐。

有一天這位高中生依舊和往常一樣點好餐之後，繼續玩他的手機遊戲，過一段時間之後再慢慢地品嚐他的大餐。但今晚很不一樣，大約在晚上 9 點左右，我正在外場工作，突然看見一位中年男士衝到這位高中生的餐桌身旁，就一瞬間的將高中生的手機搶走，因這位高中生玩手遊太過於專注的關係，這突如其來的舉動讓他錯愕，一下子有點回不了神的樣子。

我走過去問這位高中生：「那個人是不是你父親呢？」

「是！」很酷的回答我的問話。

「回家之後，千萬別跟你父親吵架喔！他畢竟是爲你好，才這樣關心你。」這位高中生看了我一眼，沉默不語。

這件事使我憶起我兒子小時候迷電腦遊戲的光景，由於我和老婆大人對兒子玩電玩這件事頗有微詞，也非常厭惡，希望兒子玩電玩能有所節制。可是我兒子就是迷上它，欲罷不能，你愈管愈嚴，他就利用半夜起來偷偷玩電玩。有好幾次，我半夜 2 點左右起來上廁所，看見書房怎會有微光出現呢？走過去一看，原來是我 10 歲的兒子在電腦上玩電玩。甚至星期天帶兒子到教會上主日學，前腳我帶他進主日學教室，後腳他就偷溜至網咖玩電玩，這件事再怎麼禁止、再怎麼勸，兒子都不順從。

有一天我閱讀《今周刊》時讀到，臺灣數位政務委員唐鳳，在孩童時期也迷上玩電腦遊戲，他的父親也一度禁止唐鳳和她的弟弟玩電玩，總認爲電玩都是打打殺殺，孩子長大可能變得殘暴。可是唐鳳和她的弟弟竟懂得抗議，認爲他們的父親不了解遊戲內容，憑什麼反對呢？後來唐鳳全家因此展開「父親可不可以高高在上」的辯論。

看了唐鳳的故事，想想我兒子，還好，我兒子沒變壞，現在已成爲新竹一家上市公司的工程師。

臺灣甚至全世界已走上數位科技時代，樂齡族的我們要能與世界接軌，與年輕人溝通，千萬別停留在過去的思維，要能夠與時俱進，才能夠永保青春活力。這位高中生的父親拿走他兒子的手機的作法，不知道對與否呢？這位高中生會不會像唐鳳他們姊弟一樣，回家向他的父親抗議呢？

在吉野家從事外場工作，就是這麼豐富有趣，可以在與顧客交談和互動之中，聽見他們的人生故事，也可以從服務顧客與解決顧客的糾紛上，體驗人生的樂與苦、喜與悲、情與義、怒與捨。

第6篇

學習延長生命的寬度

變動已成新常態，

運用科技轉型，跨界合作，持續改變，

企業才能永續走得遠！

——謝冠賢

1. 與外送平臺跨界合作，創造新機會

店裡的 Uber Eats 平板手機響了，我用手指去觸控手機的螢幕，把外送點餐的螢幕點開，目視螢幕內容，一邊對著麥克風喊點餐內容，讓廚房主廚能清楚聽到，一邊開始使用收銀機的 POS 系統，在外送點餐 icon（圖示）處輸入點餐品項，接著在 POS 系統內再一一做「商品兌換」。兌換完成後，再按結帳（電子發票結帳），另一端的機器就會輸出一張點餐內容與編號，再按此點餐內容備餐，最後把餐點包裝好，放進購物袋內，交給外送人員。

「Uber A68 的餐好了嗎？」Uber 外送人員進到櫃檯問我，「好了。」我順手把購物袋外面寫有 A68 的餐點交給他。這時我很好奇的問這位外送先生，「您們送餐都要打領帶，穿這麼整齊呀！」「不是，是我下班後再來 Uber 打工，賺些外快。」聽到這句話，我真的感動萬分。年輕人，我要向您按個讚！

而另一個更讓我感動的畫面是，有位 foodpanda 年輕外送女服務員，後面揹著她 3 歲的女兒，進到店裡的櫃檯向我說：「要取餐，取餐號碼是 36 號。」我回答道，「因今天外送點餐的人比較多，請暫時等一下，餐

點馬上好。」這時她把揹在後面的女兒放了下來，讓女兒坐在等候的椅子上。從工作的角度來看，外送平臺給了這位年輕媽媽一個賺錢養家的機會。

foodpanda 與 Uber Eats 外送平臺一樣，給了 COVID-19 期間失業人口一個就業與增加收入的機會，也吸引了許多年輕族群，及中壯年齡層的人投入此外送市場的行列。

foodpanda 在 2019 年開啟臺灣外送平臺業務之初，這個新創的職場平臺的確給予許多年輕人一個新的工作機會，當初月薪平均都有 7 萬左右，讓許多年輕人趨之若鶩，津津樂道。尤其在 COVID-19 疫情爆發後，人與人之間深怕會相互傳染，不敢外出用餐及參加團體活動與旅行，導致臺灣人流、金流受挫，公司業務受影響，因而造成許多公司裁員、放無薪假，甚至倒閉。

COVID-19 疫情的發生已實際影響到臺商無法回中國大陸工作的困境，以及衝擊到餐飲業與服飾業的實體店面營運，造成大型百貨公司顧客銳減，旅遊業與旅館業無人問津，航空業更因無旅客可載，導致商旅活動受限，經營已陷入寒冬。而外送平臺剛好在此景況之下，其經營模式恰巧可解決消費者無法外出用餐的痛點，因而快速崛起。

我的鄰居郭先生，就是疫情受災戶，他原本在中國大陸經商，自己在深圳經營一家小型電子公司當老闆，就在 2020 年的農曆過年前，回臺灣以後，因受到 COVID-19 疫情影響，無法回中國工作，公司被迫停止營業，爲了生計，也加入 foodpanda 外送行列。

而我老東家鍾媽媽不動產蔡店長的高中同學林先生，年齡約 34 歲，原本在餐廳工作，餐廳因受疫情影響而關門大吉，爲了家人生計，也加入 foodpanda 外送平臺。我問林先生說：「你原本在餐廳工作月薪多少呢？現在從事外送工作每月平均應該有 3 或 4 萬吧！」這位林先生抬起頭來，然後看著我的臉一下，表情冷冷地對著我說：「當時在餐廳工作月薪 3 萬多，但在 foodpanda 每月平均超過 10 萬元，若不努力接外送單，最差也有 5 萬元左右。要低調一點，不要讓人知道我在 foodpanda 有這麼高的收入。」

由於我對他們的收入感到好奇，事後我就問蔡店長說：「你同學剛剛說的金額正確嗎？」「當然正確，他們有幾個外送人員人非常拚，每天早上 5、6 點就接單，一直忙到深夜 1、2 點，每天工作超過 14 個小時。」

哇！眞叫人佩服，年輕人願意爲自己打拼未來，我要按個「讚！」。

更有趣的是，2020 年 2 月份，我與老婆大人參加可樂旅遊的泰北之旅，當時泰國政府因中國大陸正爆發 COVID-19 疫情，禁止中國旅客到泰國旅遊，泰國旅遊業因此嚴重受創。由於當時泰北到處沒有中國觀光客喧譁的關係，我們那幾天的旅遊品質顯得非常的輕鬆自在，但在最後一天的行程準備回臺灣之際，讀到智慧型手機裡的一則消息說：「泰國已被我國政府列爲一級警戒區」，當時還深怕回不了臺灣。而且可樂旅行社後面所接的泰北旅行團，也一個個被顧客取消，領隊周小姐說：「她回臺灣之後，公司可能就沒有出國的團給她接了，爲了生計，回臺灣之後也準備到外送平臺 foodpanda 打工，以度不時之需。」

外送平臺眞的在 COVID-19 疫情期間，創造了許多就業機會，我在吉野家就看見來店裡取餐的外送人員，各種年齡層的男女都有，眞的暫時提供受疫情影響而失業的年輕人與中年族群一個養家餬口的工作機會。

然而餐飲業外送平臺的興起，主要原始於中國大陸「餓了嗎？」這個外送平臺，餓了嗎？這個點餐外送平臺是在 2009 年由五位中國上海交通大學的研究生創造出來的。當時他們只希望能在冬天的晚上，不用外出，就能夠吃到一碗熱騰騰的宵夜。於是他們想出一個點餐外送平臺的構想，創造了 O2O（Online to Offline）的經營模式，希望各餐飲店家能夠加入外送行列，服務那些不方便外出購買餐點的學生，於是到處與店家們溝通他們的構想與營運模式，說服及鼓勵餐飲店老闆們如何使用與學會電腦點餐系統。當時「餓了嗎？」這個外送平臺就在這個環境之下闖出了一片藍海。因著外送平臺被商店老闆與消費大眾接受之後，竟造成中國大陸康師傅方便麵的營業額掉了五成左右，甚至更高。這也與中國人民生活條件提升了，大家重視身體的健康，喜歡吃現煮的食物也有直接的關係。

目前「餓了嗎？」這家公司已被阿里巴巴集團收購，他們公司的標語口號（Slogan）也從「餓了別叫媽，叫餓了嗎！」一直到 2019 年演進爲「好而不貴，有滋有味」。但到了 2020 年的 Slogan 又推陳出新改變爲「愛什麼，來什麼」。顯見該公司的標語口號也跟著時代環境再做創新和改變，以符合當代消費者的需求。

我個人認爲，吉野家公司在這一次的 COVID-19 疫情期間的營收，起初是有受到一些影響，尤其是來店用餐的顧客減少了許多，但在外送平臺 foodpanda 與 Uber Eats 在 2019 年在臺灣開始營運之後，吉野家公司與外送平臺的公司跨界合作，開拓了另一虛擬市場，相對增加了外送平臺這一塊的營業收入。因此在 2020 年初疫情大爆發之際，外送平臺這一塊的營業收入應該不至於減少太多，甚至有增無減，至少可以彌補一些來店用餐顧客銳減所減少的收入。

顯見 COVID-19 疫情雖限制了人們外出購物用餐、參加團體聚會與出國旅遊等活動的機會，但卻意外地爲外送平臺創造了成長契機。根據 MIC 產業分析師王婉昀的研究指出，「消費者對於外送的需求度與接受度愈來愈高，主要是平臺使用設計容易，加上支付方式日益便利、付款快速，帶動外送平臺興起」。

由於外送平臺能回應需求，提供快速服務，近兩年在臺灣的餐館、飲料店外送宅配比率，根據經濟部統計處公布的數據顯示，由 2019 年的 47.1%，上升至 2020 年的 53.8%，上漲了 6.7 個百分點。相信未來外送平臺在實體與虛擬（供給面與需求面）不斷擴大與創新之下，外送宅配比率將會再創新高。

若是外送成長趨勢眞的如經濟部所統計的，我還眞的要建議吉野家或餐飲業者趕快掌握趨勢，再創另一條新的成長曲線。**我記得吉野家集團的理念是“For the people!”**，一直以「提供優質的商品與服務給顧客」做爲經營方針。**若將這個 People 的意義改變一下，解釋**

爲「人流、客流量，或者是顧客認同與黏著度」，將更有意義，因爲 People 已逐漸走向網路訂餐，若集團能夠掌握住這個 People，將遠超過集團所作出的大型促銷活動與更多的導客方案。而如何增加及掌握這群 People 呢？它的答案可能就在虛擬的 Online 當中。

2. 防疫大作戰

2020 年 2 月初規劃了一趟清邁旅行，我的教會好友蔡長老，一直傳信息表示，請我和老婆大人，取消清邁之旅，我沒有問原因。可是蔡長老一直傳了好幾個信息給我說：「他們利用元月底的農曆中國年期間，全家至清邁旅行，清邁到處都是中國大陸遊客，旅遊品質非常的差，況且又聽說中國流行武漢肺炎（COVID-19），千萬不要去，最好取消清邁旅行。」因爲當時媒體一直報導，從武漢工作已回家過中國年的人口大約有 500 多萬人，這些人可能被感染，帶有病毒，會傳染其他人。

聽了蔡長老的好意，心有所不安，爲此事就撥電話給可樂旅行社的業務好幾次，請教她，「清邁旅行是否有受武漢肺炎疫情的影響，不出團了呢？」可樂旅行社的業務總是回覆說：「公司沒有說取消，就是照常出團。」

心裡想著，難得與老婆大人早已規劃此行程，而且訂金也繳了，若取消了清邁之旅，太可惜了，與老婆大人商量後，還是決定按計畫出國旅行。

但萬萬沒有料到，泰國政府爲了防止中國大陸武漢肺炎傳染給泰國的國民，竟然禁止中國旅行團赴泰國觀光。因此，2 月 8 日赴清邁旅行時，一個中國觀光團也沒有，只有歐美、澳洲、臺灣，及新加坡的旅行團，因此旅行起來的品質反而變好了。但泰國旅遊業，由於每月少了 100 多萬的中國觀光客來此消費，餐廳、遊覽車業、旅館業、導遊人員，以及觀光工廠哀鴻遍野。

然而一回到臺灣，沒想到我上班的吉野家，爲了讓消費者用餐安心，留住顧客，早已實施防疫大作戰。除了指示外場工作人員每天在上午 8 點、12 點，下午 16 點，以及晚上 20 點均須作全區酒精消毒（包括餐桌、椅子、點餐櫃檯、樓梯扶手、門把、廁所，以及部分牆壁等）之外，所有每天上班人員，在上班之前均須使用清潔乳液洗手，洗手步驟：內外夾弓大立腕，一直洗到手肘。

吉野家爲防止顧客近距離接觸或傳染，也在各個餐桌上貼上警語「用餐不對坐，交談保距離、你我都健康」並在自動門上貼上防疫措施公告，請顧客「入店前請用酒精消毒雙手、除用餐外，全程配戴口罩、點餐候餐保持 1.5 公尺距離。」爲的是讓顧客來店消費能夠安心保健康。不過，在疫情期間，許多來店裡用餐的年輕人較沒有防疫意識，還是三五成群面對面交談，一起拿著自個兒手機裡頭的遊戲內容相互討論著，似乎遺忘了疫情的傳染力，只有年紀稍長的顧客有警覺性，會挑選離其他顧客遠一點的餐桌用餐。

然而我觀察各式集團的餐廳的作法，大同小異，唯獨有一次，我到吉野家新店分店支援時，觀察到摩斯漢堡，利用新科技來防疫，更顯優質。該公司把用餐區座位距離拉開，在每個座位的桌子上貼有一張 Table Ordering 與號碼，並印有 QR Code，顧客可不用到櫃檯點餐，就坐在自己的座位上，直接使用手機掃描 QR Code 線上點餐及付款，屆時等候服務人員把餐點送到座位上即可，此種作法可減少顧客相互接觸與感染的機會。

另外，Starbucks 咖啡店有些分店作法跟吉野家的作法雷同，但我也發現 Starbucks 有些分店的作法是，在座位與座位間隔著透明的塑膠厚片，讓顧客用餐時，可以防止顧客之間的口沫傳染，也讓用餐的顧客獲得一份安心感。

由於我每次去吉野家淡水店上班，大都騎摩托車，因淡水來來往往的人多，路上到處停滿機車，路邊的機車停車格一位難求。警察也常到處巡邏，對那些亂停人行道，及違規停放機車者開罰單，甚至派卡車來拖吊。我爲了怕機車被拖吊及被開罰單，而影響上下班時間和心情，就決定將摩托車停放在有收費的淡水中山市場的摩托車停車場。

我從中山市場的摩托車停車場步行到吉野家淡水店大約 5 分鐘路程，每次走在中山路上時，會發現有好幾家商店外面貼著準備結束營業的大型布條，或海報。過了沒多久，我最愛穿的 JP 品牌衣服店關門了、U-girl 大尺碼服飾店，及楓尚名店也結束營業了。我買給我外孫那家童裝店的店員說，疫情期間一天賣不到 1,000 元，再這樣下去，老闆也準備收攤了。

不過，我每次往吉野家上班的中山路上行走時，遠遠的就看到幾家服飾店看板的燈總是亮著的，依舊「老神在在」屹立在那營業，似乎不受疫情的影響，我觀察這幾家服飾店賣的服飾，與眾不同，雖是小眾產品，沒有品牌，但卻是中年婦女愛穿的高級服飾，大都是手工剪裁量身訂做的，與年輕人愛逛的有品牌服飾店有所區隔，更不是網路上的年輕朋友網購愛購買的平價服飾商品。因爲這幾家服飾店的客群聚焦在經濟能力較佳的中年婦女身上，這群婦女也許對自身穿著的服飾較重視質感與個人品味，不喜愛購買網路上的低價服飾商品，所以在 COVID-19 疫情期間，這些服飾店似乎「老神在在」。這也是 COVID-19 疫情期間，我發現服飾業另一個有趣的情況。

防疫大作戰，臺灣政府攻守俱佳，防疫效率與效果堪稱全球表率，使得國內疫情沒有爆發群聚感染的事件，也讓國人安心，大家也敢於出門消費，及走出戶外參與國內旅遊，因而2020年的經濟呈現正成長，這讓臺灣感到驕傲。不像歐、美、日等國家防疫作戰失敗，許多餐廳、健身房、酒吧、電影院被迫關閉，失業人口增加，造成2020年歐、美、日各國的經濟呈現負成長。

3. 女區經理的走動式管理

「冠賢你好！」「請問您是誰呢？」某日我支援北投店，且當時我已清潔好外場工作，在櫃檯預備相關外帶用的碗筷等餐具用品，以及備好足夠的冰塊與泡菜和毛豆等小菜，等著顧客上門。

「您怎會知道我的名字呢？」這時我心裡很疑惑地想著，怎麼會有我不認識的女士，會叫出我的名字來，我非常驚訝且好奇的請問這位身材微胖的女士。

「你今天上早班，我來之前已經看過今天上早班的工作人員的名字，我是新上任的區經理。」女區經理很客氣地回答我的疑問句之後，就帶著吉野家黑色的帽子直接往二樓的樓梯走了上去。

哈！怪不得我上午 10 點一到吉野家北投店時，代行者看見我，馬上跟我說：「謝大哥，麻煩你上二樓先把廁所洗乾淨，並請攜帶一罐白博士清潔液把廁所牆壁有貼磁磚（或馬賽克磁磚）的地方，以及馬桶四周、廁所牆角用抹布沾上白博士清洗乾淨，尤其是牆角。」我依據代行者的指示，大約花了半個小時的時間，才把男用廁所與女用廁所的清潔工作完成。

一早上班，代行者就叫我先做此項清潔工作，原來女區經理要來巡視的消息，似乎已走漏風聲。

女區經理上了二樓，第一件事就是看男用與女用廁所乾不乾淨，接著冰箱一個一個打開來檢查，看看冰箱裡擺放的原材料是否整齊清潔，以及原材料是否過期，是否有按照先進先出法的作業方式處理。

檢查完二樓之後，下樓梯來到一樓的廚房，正準備檢查廚房的冰箱時，這時看見一位同仁從餐廳大門走了進來，一看時間已接近中午的 11 點半，便對著這位同仁說：「妳去銀行存錢，需要這麼久的時間嗎？妳幾點的班呢？」這位同仁也沒有辯解，馬上說：「下次改進。」

過了幾個星期之後，女區經理又來北投店視導，眞是巧合，我又剛好支援北投店，這次女區經理來視導，似乎沒像上次那麼客氣，就開始對北投店提出許多改進意見，也從冰箱清出一些過期不用的物品，就請我當拉圾丟棄。

也對北投店被顧客投訴案，處理不當，懲戒二位員工，各記申誡乙次。在吉野家被記申誡乙次，是以扣薪資的千分之三做爲代價的。

顯見這位女區經理除對內重視食安之外，亦非常重視顧客的服務品質，這樣的作爲就是吉野家的經營理念，“For the people!” 一切都是爲了顧客。而客訴是發掘服務不佳的指標，但若能在客訴之前，就把問題解決，最爲上策。有一次，我在淡水店工作時，顧客直接跟我反映，飯裡頭發現有一小片蛋殼，我一看便知道這位顧客點的餐點是韓泡牛丼，這餐點會加一顆半熟蛋在飯裡頭，可能廚房做菜的人在打半熟蛋時，不小心讓這片小蛋殼碎片掉進飯裡頭所致。我馬上將顧客反映的事回報給店長，店長立刻指示，「免費送給顧客一盤小菜，餐費照原價退還給顧客。」這種處理方式，快速果決，會讓顧客感到吉野家的用心。

又有一次，顧客反應，「味噌湯味道太淡了」，我馬上回報給廚房裡的代行者，代行者馬上說：「重新免費端給顧客一碗味噌湯。」顧客喝了之後，馬上說：「這個味道，就對了。」

顧客的反應，無須給予太多的解釋，改善就對了！

這位新上任的女區經理喜歡不定期到她管轄的分店視導，有一次我在淡水店上早班（11 點 -15 點），我不知道女區經理早已到淡水店視導，她突然一進廚房，就馬上跟正在廚房工作的柯店長說，女用與男用廁所馬桶邊緣與馬桶蓋後面不乾淨，請店長上去看看並清洗乾淨。我跟店長說，我上去清洗即可，但柯店長堅持她要上去清洗，約過了一刻鐘，柯店長回到了廚房，對著我說：「謝大哥，女用廁所我已清洗乾淨，男用廁所就麻煩你待會在外場清掃時，再上去清潔。」「好的，謝謝店長。」

由此可見，這位女區經理到任何一家店時，一定先從檢查廁所乾不乾淨開始，這與我的觀念相仿，廁所的乾淨與否，攸關顧客對餐廳的評價好壞。但吉野家在臺灣已深耕三十幾年，外場的餐桌椅或廁所裡的設備，我很想跟區經理建議說：「要不要與時俱進呢？」。

接著，女區經理直接進入廚房掌廚，拿起廚房的菜刀、大湯杓、湯瓢，及飯匙，就開始依據櫃檯同仁點餐指令，製作各種不同的餐點給來店用餐的顧客與外帶顧客，以及外送點餐平臺的 foodpanda 和 Uber Eats。

我自個兒想，女區經理實際的下廚用意何在呢？是不是經由自個兒實際作業之後，就可幫助自己了解淡水店的工作量與物料清單（BOM, Bill of Material）控制情況。BOM 表是企業控制成本的依據，但我不是店長或代行者，從未見過吉野家分店的物料清單。

在新上任的女區經理視導一段時間之後，吉野家開始有了一些新的作爲，第一個作爲是，每個冰箱每週輪流清洗一遍；第二個作爲是，食安政策，任何食材必須貼上有效日期的標籤。我想這應該是這位女區經理視導各分店之後，看到的問題，所提出來的改進作法。

因此，每次女區經理一到各分店視導時，除檢查廁所清潔外，必定會到廚房檢查冰箱裡開封過的食材是否有貼開封日期，製作好的小菜有否寫上製作日期與有效時限。有些食材像茶碗蒸，就不能超過 2 小時，像味噌湯就不能超過 3 小時，有些食材像泡菜與毛豆就不能超過 8 小時，有些食材則不能超過 24 小時。這樣的重視食安問題的作法，會讓顧客吃得更安心，健康有保障，這對吉野家的商譽與品牌形象是有直接的幫助，吉野家的這些食安作爲，眞是處處 For the people。

女區經理的不定期到分店視導，檢查食材有效日期、環境衛生，以及人員工作士氣，這是內控與預防方法，很像是：

開車時需時常檢視汽車上的儀表板一樣，注意哪一個 icon 的燈亮紅燈了，需及時的處理與維修，也像是車子開到一定的公里數之後，就要進場保養，更新一些零組件、放掉舊機油，注入新的潤滑劑，把螺絲鬆的地方再次鎖緊。

她的作爲，我認爲會產生以下幾個效應：

(1) 發現問題，改進作法，提高效率，降低成本。

(2) 重視食材有效日期，預防危害發生，確保食品安全。

(3) 服務好顧客，得到顧客對吉野家的認同。

最近臺灣的企業開始重視 ESG（環境、社會、公司治理），做爲公司營運的準則。許多外國投資者也會依據 ESG，以供投資與評鑑該企業優劣的標準，舉凡公司經營是否重視環保議題，是否重視勞工福利與休假，以及公司的財務資訊是否公開透明等。看見吉野家新任女區經理的作爲，想必吉野家也是一家重視 ESG 的國際企業集團公司。

然而區經理的走動式管理僅能對維持吉野家的餐飲品質，以及內控有所幫助，但想要藉降低成本、增加公司利潤，極爲有限。因吉野家深耕臺灣逾三十年，產業生命週期已處於成熟期與衰退期之間。目前與吉野家經營型態雷同的餐飲公司，如雨後春筍般的大量湧現，競爭極爲激烈，吉野家想要維持過去的市場占有率與成長率，相當不容易，除非能再爲自己開創出一條與這些公司有所區隔或差異的成長曲線。

這個成長曲線可能是投資人才、投資價值代替價格、投資軟硬體設備、開發新產品、應用資訊科技提供服務，以及跨界合作，這樣才能像《聖經》所說的，「要擴張你帳幕之地，張大你居所的幔子，不要限制；要放長你的繩子，堅固你的橛子。」這樣市場才能向左向右的開展。

4. 店遊歡唱與Z世代思維

有一天，淡水店的店長在 LINE 群組中 Post 出一個貼文，店裡要舉辦一次店遊，請大家建議店遊地點，經過一個多月之後，仍無人提出店遊地點。店長只好請代行者小柏推薦地方，結果一出爐，店遊地點選在淡水的好樂迪 KTV 店。時間是 2020 年元月的某一天下午 6 點鐘，店長希望全店員工到齊，一起歡唱。公司補助經費 NT$ 8,000 元，經費不足部分，店長說，全部由她負責。店遊那天下午 6 點以後，店裡的全部工作早已安排，由內湖店派人來支援。

當天下午 6 點一到，店裡同仁魚貫來到淡水中正路的這家好樂迪 KTV 店，我們同仁一進包廂，服務生很快就端來店長早已點好的炸物。當晚不僅有炸物，還有同仁提供的紅酒，以及店長個人提供的幾箱啤酒，爲了把那晚高歌一曲的氛圍先製造出來，在我的慫恿之下，大家就舉起自己的杯子互相高喊乾杯。

雖然大家同屬一家店，但因上班時段的不同，有些人還是彼此不認識或不熟識，我爲了讓包廂裡的氣氛更 High 一點，就請店長先點一首歌開唱。店長問我會不會唱「牽引」這首歌，我說：「當然會！」那是我那個年代的歌曲。當晚請 DJ 爲我們播放之後，我就與店長一起合唱這首歌做爲那天晚上 K 歌的開場，「如果我們倆從來不曾相戀……人生旅程充滿艱辛和坎坷，我需要你的雙手牽引～」。店長的歌聲渾厚有力，天生就具有原住民的好歌喉。

唱完後，我問臺下的同仁有沒有聽過「牽引」這首歌，「沒有～沒有～～」臺下的 1995 年以後出生的同仁異口同聲的如此喊著，但我一點也不覺得奇怪，說不定這首歌曲的歌齡都比他們大呢！

我趁著這一群年輕的大三、大四來打工的學生還在挑選歌曲的時刻，我先點了兩首歌曲，一首是蔡琴的「最後一夜」，另一首是許美靜的「城裡的夜光」這種抒情、詞美又帶點意境與感傷的歌曲，鐵定他們也沒聽過。當我唱完這兩首歌曲之後又問他們，「有沒有聽過，有沒有聽過這兩首歌曲？」哈！她們還是一樣回答我，「謝大哥，沒有～沒有～～」但臺下只有兩位有聽過，一位是春滿姊，另一位是嘉玲姊，她們都是 60 年代出生的，我猜想連 1992 年出生的柯店長可能也沒聽過。但反過來說，這些 1990 年以後出生的年輕人，他們點的歌曲，唱的 RAP 的曲調，我一首也不會唱，也更沒有聽過。

吉野家淡水店位處觀光景點與文教區，來店裡用餐的顧客多，算是吉野家集團的金雞母之一，所以工作人員多，營收高，工作量也較大、也比吉野家其他分店忙碌，也提供許多淡江大學、眞理大學、海洋科技大學、聖約翰科大，及城市科大的在校學生來此打工的機會。每次見到這些大學生利用課餘時間來此打工賺取學費、零用錢，及完成夢想，我打從心底的佩服他們。因我年輕時從未有打工的經驗，連我自己的孩子，在臺灣也沒有打工的經驗，只有女兒在日本留學時，因學校規定，大三的學生必須利用課餘時間去打工，才有此經驗。不過，我女兒在日本打工的時薪較臺灣高出許多，連打工往返的交通費，餐廳也會支付給他們。

另一方面，我這個「阿伯」（在他們的心目中，我就是他們的謝大哥，他們這樣一稱呼，我眞是變年輕了），一直對來吉野家打工的學生非常的好奇，在工作上有時會一面工作，一面與這群跟我一樣來打工的 Z 世代年輕人話家常。有一天我就問工讀生佳慧說：「妳爲什麼要來打工呢？」「我父母親沒有錢提供我讀大學，我只能辦學貸，將來還要還學貸，我自己租房子在學校外面，每個月有支付租金的壓力。加上我生活所需，一個月至少要花費 1.8 萬元，所以我必須兼二份差。我現在還在一家咖啡廳打工。」

「那麼恩葦，妳呢？爲什麼要來吉野家打工呢？」「因爲我喜歡追星，追韓星，爸媽不給我錢，只好靠打工自己賺錢。」

「請問如芸，妳呢？」「我家住基隆，每天通車上學很累，想要在學校附近租房子，但爸媽不准，就對我說：若妳要在外租房子，就自己打工賺錢，所以爲了租房子付房租，就來打工了。」

「那張富，你呢？」「我爸媽不給我零用錢，他們說，要零用錢就自己賺，所以就利用課餘來打工了。」

「阿傑，你呢？」「我唸的是流行音樂系，本來COVID-19 未發生前，我在外接演唱會打工，生活開銷是夠用的，但疫情發生後，突然案子都被臨時取消了，經濟就出現問題了，只好再找另一份兼差的工作，所以就來吉野家打工了。不過現在疫情似乎有好轉，外面若有中小型演唱會，我也會接。」阿傑接著說，他 10 月初已爲亦帆女歌手出一首單曲，歌名叫「未知者」，是阿傑自己編的曲，別人寫的詞。阿傑出生在貧苦家庭，沒錢學鋼琴，他會彈琴編曲是靠自己在網路上自學來的。昨晚我和阿傑同時段打工，阿傑又跟我說：「他又找到夜店音控打工的機會，一小時 180 元。」

「請問圓圓，妳呢？」「我今年大學剛畢業，想考公務員，現在白天補習，利用晚上來打工。」「請問妳大學讀什麼科系呢？」「英文系。」「很棒呀！很好找工作呀！」「我有找過徐薇美語補習班，不過他們是一年一聘，很不放心，沒有安全感，還是當公務員比較安心。」

「請問勝興，你呢？」「我是等當兵才來打工，因爲我多益成績未達 750 分，學校不發給我畢業證書，需要在學校重修英文。我希望以後當公務員，想考行政類組。」但後來勝興當 4 個月的兵回來之後，決定放棄當公務員的夢想，我問他爲什麼放棄原有的夢想呢？他看著我，表情卻很平淡地跟我說：「因公務員太難考了，不想浪費青春再去補習，還是準備參加一般銀行的考試，到銀行上班，比較實在。」

而芝儀則國三就來打工了，現在就讀松山商職二年級，聰明伶俐，在校成績很好，做事很有能力，喜歡主動幫助人。有一天，我問她說：「爲什麼要來打工呢？」她說：「在家沒事做，就來打工賺錢了。」

至於小蘭來打工的目的則是爲了大學畢業之後能到澳洲留學時，申請學校時，能多一個打工經歷，但小蘭在 COVID-19 疫情剛開始流行期間，就離職了。

而小函眼睛大大的，會抽電子菸，外務多，打工一年多之後，因嫌吉野家工作太累、時薪158元太少，就離職到臺北林森北路的一家酒吧打工去了。

還有一位打工學生，名叫阿輝，家住三重，來打工是爲了自己賺取零用錢，很可惜才打工一個多月，就自己自動離職了，原因是，有一天上大夜班，大學同學來找他，就做了一份特盛牛丼請同學吃，未向同學收取費用，被代行者發現，內心羞愧，就自動離職了。

這一群Z世代（以1995年到2010年出生爲範圍）的打工族學生，他們內心想的似乎都是早點有工作可賺錢，經濟早點能獨立。但Z世代的年輕人與銀髮族最不同的地方則是，「他們很會使用數位通訊工具自我學習知識」，因他們最懂網路，就如臺灣數位政務委員唐鳳所說：「網路世界與實體世界是倒過來看的，壯年人的網齡可能只有幼兒園或是小學階段，但是一出生就接觸網路的年輕人，他的網齡甚至比壯年人還大。」

而在吉野家Z世代出生的店長與70年代出生的店長，他們對待銀髮族朋友的方式也迥異。70年代出生的店長較會關心及尊重銀髮族工作朋友，時刻給予問候及協助，但Z世代出生的店長則較重視同儕關係，對銀髮族朋友的親切度較不足，也較沒耐性協助。

顯見這一群 Z 世代的年輕人靠著智慧型手機可從網路上獲得許多資訊和知識，很快熟成，而超越壯年或樂齡的我們。Z 世代的年輕人他們移動快，外務多，對工作忠誠度較低，也不迷信品牌和權威，都自有主意，也不見得會敬老尊賢。

我們這一群樂齡族的朋友若能跟著 Z 世代的年輕人一起瘋數位科技，並且把面子放兩旁，把學習擺中間，我們的心態也會變年輕，也會看見更寬廣的風景，也才能打造更有意義的樂齡生活。

5. 醫治我的五十肩

在進入吉野家工作之前，我患有中年人常有的疾病五十肩。五十肩又稱冰凍肩，係肩關節囊裡面沾粘住了，這與我長年缺乏運動有關，導致我右手不易舉起、手張開到某個角度就疼痛不已，甚至晚上睡覺轉個身也會疼痛不已，爲了醫治這個症狀，我看過西醫的復健科，做過電療與復健，以及做過中醫的針灸和復健與電療。也許我不夠用心復健，兩者效果均有限，我的五十肩症狀影響我日常生活大約有二年的光景。

然而自從進入吉野家工作後，因每次工作時數大約在 3 至 6 個小時左右，在工作時間內，除了休息半個小時外，幾乎是不停地在勞動，例如：洗碗筷、擦桌椅、洗米煮飯和移飯、協助做廚房內場的工作，以及協助點餐和備餐等中場工作。我的雙手一刻也沒有停過，尤其用到右手做事的地方特別的多。有時候在廚房要拿放在高處架子的小菜端盤，必須伸手才能拿到，因我的右手無法伸直，要伸手拿小菜端盤極爲疼痛。爲了不喜歡讓同事看見我右手肩膀的疼痛，還是努力克服疼痛，把小菜端盤從架子上拿了下來；還有時候爲了搬一大袋的米，並將大袋裡已分裝包好的小袋米放入米桶內，以及將剛進貨的牛肉、豬肉或雞肉的箱子等重物搬進冷凍冰箱內時，我也是忍著右手的疼痛，使力的去完成它，我就把這些搬重物的工作當作是「五十肩復健」的功課。

曾經好幾次工作回家後，右肩膀痠痛得不得了，不好意思跟老婆大人訴苦，只好自己忍著痠痛，即刻到藥局購買撒隆巴斯貼布，自己安靜地貼在右手的肩膀上，以緩解疼痛。

由於吉野家淡水店生意興隆，有時候顧客爆量時，洗碗的速度都來不及供給廚房盛餐用，只好先用外帶的免洗餐盒。許多人在觀察一家餐廳的生意好不好，會用「翻桌率」來評估，而吉野家的生意好不好，我個人是以「同一個碗，我洗過幾次」來觀察。有時候同一個碗我曾洗過 3-4 次，甚至有時候生意特好時，連廚房的主廚都沒有碗可盛飯。爲了趕快洗好碗讓廚房有碗可出餐，我的右手不停的動（洗碗）、不停地在做事，我認爲這應該有「復健」的效果吧！

在吉野家這樣工作了幾個月之後，右手似乎可以往上抬得更高，雖然還是會疼痛，但疼痛的指數比之前緩解了許多，不知不覺，我在右肩膀擦白花油的次數也比之前少了許多。我的五十肩的酸痛就這樣慢慢的、很莫名的不見了，直到了 2020 年的 9 月，似乎已沒有感覺到五十肩疼痛的存在了。

我很喜歡「不美好造就美好」這句話，就像新竹不美好的「九降風」，由於風勢特別強勁，每秒吹 10 公尺的強風，風勢大又乾燥，卻造就了優質的米粉、仙草、柿乾，及烏魚子；茶葉上不美好的「茶小綠葉蟬」經由牠的叮咬之後，茶芽部分呈現淡褐色，葉緣萎縮捲曲，茶葉外觀難看，但茶小綠葉蟬叮咬之後的茶菁所製成的茶，竟帶有特殊的花果蜜香，因而造就了高等的「東方美人茶」；而我辛苦不停勞動的洗碗工作，感覺起來不美好，卻醫治了我的「五十肩」。

6. 快樂女店長的感染力

我 2019 年 9 月中旬來到吉野家工作，曾支援過北投店、中央店、石牌店、新店店、新莊店、民權西路店、港墘店及捷二店等 8 家吉野家的分店，也與好多位同事一起工作過，但從未見過有如此「樂在工作」的人。這個人，她可以一邊工作，也可以一邊哼歌，身材胖胖的，曾代表吉野家公司參加國外餐飲比賽，也曾經夢想當一位職業軍人，後來因爲體重過重的關係，未被

國防部錄取，現在還一直耿耿於懷的女孩，這位就是1992年出生於屏東縣牡丹鄉排灣族的吉野家淡水店女店長——柯小姐。柯店長因父母親需離鄉外出工作，從小由她阿嬤帶大，阿嬤很疼她，有時候阿嬤想孫女時，還會打電話到店裡跟柯店長撒個嬌。

柯店長有著開朗、善良的排灣族個性，而排灣族在臺灣少數民族當中，是擁有階級制度（區分貴、士、平民）的少數民族。相傳百步蛇是排灣族的祖先，同時也是排灣族貴族的專屬紋飾。而談及服飾，臺灣十六族原住民族的服飾當中，就以排灣族的服飾最爲「絢麗華美」，若用「爭奇鬥豔」這一句話來形容，都不爲過。但我發現「吉野家的工作服」的美麗黑顏色，有一點像排灣族服飾當中的一款黑色服飾，這一款黑色服飾，我曾在參加泰雅族的婚禮當中見過，是一位排灣族的公主特地穿來參加喜宴的，非常莊嚴、端莊、吸睛。

談到柯店長生長的牡丹鄉，讓我想起2019年，我與老婆大人到屏東縣拜訪排灣族部落時，有一站來到牡丹鄉的排灣族部落。當時天氣炎熱，我們需要補充水分，但找不到便利商店購買水喝，就問正在馬路邊嬉戲的小孩，哪裡有賣水的商店，小小年紀的他們，看到我們非常高興，就手指著遠處的一間房子說：「那裡，就在那裡。」便熱情的帶著我們一起走到這一間房子。我一看，這不就是我們小時候所謂的「柑仔店」嗎？我快步地走了進去買了二瓶水，正轉頭準備離開時，發現收銀機背後的牆上掛著一個黑板，黑板上用粉筆寫著密密麻麻的名字，名字後面就是一串串的阿拉伯數字，我沒有意識到是何意義。就在當下來了一位工人，衣服有點髒、有點舊，也買了一瓶水說：「先賒帳，下個月再給錢。」這時，這位年輕老闆娘就轉身用粉筆在黑板上的這位工人的名字後面再加寫一個數字 20。

我很好奇的問，「請問老闆娘，黑板上那些名字和數字是什麼意思呢？」「就是寫著他們賒帳的錢。」「哇！這麼有信用啊！您不怕他們不還錢呀！」「不會，他們會每月來結算一次。若還錢了，就把黑板上的名字擦掉。若真的好久好久沒來還錢，我爸爸說，就直接用板擦直接擦掉，也不跟他們要錢。」這位不到 40 歲的年輕老闆娘斬釘截鐵的回答我好奇的問話。

聽了年輕老闆娘的這段話，真叫我感動、讓我動容，更讓我衷心的佩服……。

他們像極了慈善家……。

柯店長是一位吃苦耐勞型的年輕女孩，目前不到 30 歲，還小我兒子 1 歲，有一天我很好奇的問她說：「店長，您在吉野家已經工作了幾年呢？怎麼這麼年輕就當店長呢？」柯店長一邊工作，一邊面帶笑容的跟我說：「我國中畢業後，就來到吉野家北投店打工，讀高中時就在吉野家半工半讀，賺取自己的學費和生活費。大學讀的是殯葬系，曾經在殯葬業工作了一年，因爲每次看到過世的人的大體非常害怕，只好轉業做其他工作，後來再回到吉野家工作，就一直待到現在。」

「當店長管理一家店很不簡單，況且您還要兼管北投中央店，請問要當店長需要經過哪些訓練呢？」我進一步地請教柯店長。然而由於來店用餐的顧客開始多了起來，柯店長無暇回我的問題，只輕描淡寫的說：「要經過吉野家總公司的考試篩選過後，才有資格成爲店長。」

柯店長個人的感染力很強，只要當天她在吉野家淡水店上班，整間店就活了起來，她會把工作的氣氛炒熱起來，當天的營業額也會增加許多。

若你看見她穿起吉野家的制服，她的架式看起來就像一位大廚師，很想品嚐她的廚藝。她做起事來，一個人可以抵三個人用，很像一位排灣族的英勇戰士，中場、內場，還有外場工作可以一起來。只要聽到門鈴聲響，不管是誰，就不停的喊著，「歡迎光臨，午安您好」或者是「謝謝光臨」。其餘在店裡工作的同仁，一聽到店長的喊聲，不由自主地也會跟著喊起來。

有一次柯店長在廚房擦拭櫃子時，哼著歌，若你注意聽，柯店長宏亮的聲音像極了歌星張惠妹高亢的聲音，就像張惠妹正在唱著那首「站在高崗上」的歌曲一樣，非常嘹亮，她喊的「歡迎光臨」就像「站在高崗上」一樣。而我們喊的「歡～迎～光～臨～」的聲音，極爲平聲，聽起來像含在嘴裡的聲音一樣，有氣無力，聽不出那種氣勢來。若用一種聲音來形容：

我們喊的聲音眞的像極了黑膠唱片跳針的聲音……。

柯店長還有一項優點，當廚房工作較不忙時，就拿起抹布在廚房內各個櫃子到處擦拭，一邊擦拭，也一邊哼著歌。我很想進一步聽一聽她到底哼什麼歌曲，就是聽不出哪首流行歌曲，反正就是哼一首輕快的歌曲，是一首發自內心的歌曲，她就是如此擁有樂觀的天性。

「謝大哥，聽說你是位軍人，還是上校退役？」店長很常這樣問我。

「噓！小聲一點。」我常這樣用手指放在嘴唇上比手勢跟店長這樣說。因我很不喜歡同事知道我的背景，希望工作就是工作，不談過去的種種。但店長目前還是一直耿耿於懷，她沒有當上軍人。

其實柯店長是蠻適合當軍人的，她的苦幹實幹精神一定會獲得軍中長官的青睞。我在政府部門服務期間，曾經面試後錄取一位女士官來單位服務，這位女士官來我單位服務之前，個人非常上進，利用夜間到大學進修，並取得臺灣大學英文系學士學位。由於她的英文能力很強，指派她在我單位從事英文翻譯與口譯工作，對這位女士官經過一段時間的考核與歷練之後，她的工作態度與業務能力頗獲肯定，恰巧我的單位要培養一位英文口譯人才，就推舉她到美國留學，並取得英文口譯碩士。這是一個很棒的當軍人的成功實例。

另外，柯店長最喜歡以身作則，是位身教重於言教的好店長，我在中央店所發生的差錯，她完全承擔了起來。記得當時她補送 23 份餐點到那家公司，還被那家公司訂餐的人員羞辱，回到店裡也不責怪誰。在店裡頭，若有同仁在工作上做得不好或不對，她會和顏悅色的親自做一遍給他們看，此種做事「喜歡用身教而很少使用管教和言教」的作法，就是心理學家班杜拉（Albert Bandura）的「社會學習理論」（Social Learning Theory）的精髓所在，此種榜樣教育，更能改變行爲，感動人心，也更能顯現出柯店長個人的領導才華。

我也蠻喜歡跟店長一起工作，雖然會有點壓力，但可從中學到東西，而且還有飲料可以喝。因爲一到夏天，店裡用餐的顧客比其他季節來得多，工作量也比平常大，需不斷的走動來服務顧客，因此消耗體力也多，再加上天氣也比較熱，工作一段時間後，也常需補充水分，店長爲慰勞我們的辛勞，她個人喜愛購買「迷克夏」品牌的飲料，例如：決明子或綠茶，請當天上班的每位同仁一杯飲料。她的用心，套一句全國電子的Slogan說：「足感心ㄟ！」

銀髮族的朋友們，我們已走在人生的下半階段，與其當枯木，倒不如作開在原野的花朵，讓我們一起張開幔子，把我們的生命寬度拉開，作一群造福別人的樂齡族。

最後我用這首「上帝超過風雨和大海」的詩歌做爲

本書的結語：

有時阮的生命親像風
有時阮的生命親像雨
有時阮的生命親像山
有時阮的生命親像海
春去秋來，花開花謝
風雨和艱苦，總是會過去
春去秋來，花開花謝
美麗和青春，全部親像雲
啊，風雨和大海，攏是生命的色彩
啊，風雨和大海，攏是上帝的主宰
這是上帝的色彩，呣通來怨嗟
只要向前行，呣免驚惶
這是上帝的色彩
呣通來怨嗟
上帝超過風雨和大海
上帝超過風雨和大海

思索篇

左鄰右舍長照故事

李淑芬

現職：伊甸基金會護理人員

學歷：眞理大學觀光研究所碩士、國立臺北護理學院畢業

經歷：淡水社區大學副校長、淡水街道文化促進會理事長、臺北榮民總醫院護理部

2018年3月底，一向堅強獨立自主的84歲母親，在沒有預警狀況下發生梗塞性腦中風，經過緊急救治，雖然渡過危險期，但母親的記憶卻沒跟著病情好轉。清醒後總以陌生、焦慮、迷茫的眼神看著她的兒女，身上也多了鼻胃管及尿管，左側肢體癱瘓無法動彈，也失去口語能力。出院後，究竟要送母親到護理之家治療，還是請外籍看護來家裡照顧，或是兒女們輪流照顧？兄弟姊妹對照顧母親的想法不一致，而母親又無法表達她的意願！最後兒女們決定在家自行照顧，但接踵而來要處理的事情還有一籮筐。

媽媽有鼻胃管，必須購買二段式或三段式可以搖高降低的病床，還有輪椅、便盆椅、助行器等輔具。浴室廁所必須重新改造，讓輪椅可以進出、傢俱重新擺設，以挪出空間讓輪椅能迴轉……等等，除了硬體設備添購外，紙尿布、小尿片、尿布墊、濕紙巾、管灌營養食品等，也要定期採買。當時長照2.0雖已實施，但透過馬偕醫院轉介，每兩週有居家護理師來家裡幫媽媽換兩管及監測血糖。除了洗澡、處理大小便、翻身、拍痰等照護的事，還要盤算身邊的錢是否足夠支付所有的開銷，可以支撐幾年。當兄弟姊妹的意見有分歧時，要不斷的溝通或讓步，這些歷程非常辛苦。母親中風不到十個月，90 歲的婆婆也中風住院，長照的問題再次在婆家上演，不同的是，婆婆意識清楚，堅決不能送安養院、不可以請外勞，一定要兒女隨侍在側照顧她。同樣的長照需求，會因不同家庭背景而呈現各式各樣不同的問題與困境。

身爲一個護理人員又在身障機構服務的我，曾目睹許多身障家庭的照護悲歌，而當自己也成爲家中失能長輩的照顧者，就很想了解周遭朋友或左鄰右舍，當家中有失能長輩，他們如何解決或面對長照問題。根據衛福部的估算，目前失能人口將近 80 多萬（包含中重度的身心障礙者），這些失能者約 26 萬依賴外籍看護照顧，約 10 萬人入住機構，雖然使用長照 2.0 居家服務的人數有逐漸增加，但失能長輩靠家人自行照顧的比例仍占 50%，居高不下。

以下分享的故事就以失能長輩由家人照顧、外籍看護照顧、送安養院及接受居家服務等四個面相，談談周遭親朋好友及左鄰右舍經歷的長照故事，最後也提供兩則有關善終議題的故事，希望透過這些故事，讓即將邁入初老階段或已是老年階段的我們，省思如何面對及規劃自己的老年。預先準備才能夠不留下遺憾，懂得規劃善終，才能爲家人留下愛的禮物，也爲自己的人生留下最美的身影，面對老、病、死，最壞的打算與最好的準備是有必要的。

1. 家人照顧

(1) 怕失智的媽媽到處跟鄰居說我很不孝

一早在社區廊道遇見 60 歲出頭、曾在社區擔任打掃工作的詠姊，她的妹妹擁有一手好廚藝，芋頭米粉及各式滷味滷菜都很道地美味，價錢又很公道。

「詠姊，好久不見，妳妹妹還賣米粉嗎？」

「李小姐早，我們已經很長一段時間沒賣米粉了，不過若想吃滷味，還是有供應啦！」

「忙什麼呢？米粉生意不是很好嗎？」

「（嘆口氣）要照顧 88 歲失智的老媽媽，已經沒有體力煮米粉外賣了。」

「妳跟妳妹妹照顧媽媽嗎？」

「對呀！幾年前，我大哥跟小妹都生病，陸續離世了，家裡只剩我們姊妹倆，我們若不照顧，誰來照顧媽媽呀！送安養院或請外勞，都是一筆沉重的負擔，以我跟妹妹的收入，實在擔負不起。」

「辛苦妳們了！」

「是阿！我老媽失智以後，生活常常日夜顛倒，白天拼命睡覺，晚上卻到處遊蕩，明明剛吃過飯，又馬上說她肚子餓，還一直跟我們要飯吃，有時一天要吃上

五、六餐，搞得我跟妹妹都精疲力盡」。

「嗯，失智的人常常缺乏定向感！」

「對呀，明明一天吃了好幾餐，卻常常忘記已經吃過飯，有時後還懷疑我跟妹妹偷拿她的錢呢！而最讓我生氣的，就是她跟鄰居說，我兩個女兒都沒給我飯吃！害我覺得很丟臉，好像我們很不孝似的，我一直吩咐她不要到鄰居家亂說話，但她依舊我行我素，實在非常困擾。」

「唉，眞的很辛苦！」（我拍拍她的肩）

「遇上這種事情也沒辦法，我們還是要繼續照顧老媽呀！幸好我跟妹妹都單身未婚，才能在家全心全意陪伴老媽！因媽媽作息日夜顛倒，我倆會分配時間輪流照顧媽媽，雖然我一星期要到醫院洗腎三天，但我還是會盡女兒本分，照顧媽媽到終老，免得落人口舌說我們不孝，除非我跟妹妹都累倒或病倒！所以現在已經沒有時間及體力煮米粉了！」

望著詠姊離去的背影，心情頓感沉重，根據衛福部2018年公布有關家庭照顧者的調查報告，國內家庭照顧者有工作者高達31.77%，更有將近一成左右的人爲了扛起照顧失能長者而退出職場，其中女性爲親情犧牲工作的比率遠遠高於男性。詠姊及妹妹就是典型爲照顧失智母親而失去自我實現機會的女性。

(2)傳統孝道觀念，不假他人之手照顧父母

70 歲的圓圓姊是國中退休老師，平時熱愛運動與學習，每個星期都會到臺北參加讀書會，或跟老同事聚餐，二個孩子都在美國成家立業，每年都會安排一段時間到美國跟孩子相聚及旅遊。

圓圓姊的公婆雖然都 90 多歲但身體還算硬朗，她的小叔一家人一直跟公婆住在高雄老家。前幾年圓圓姊的公婆身體陸續出現問題，無法料理三餐及自行洗澡，需要有人 24 小時在身邊陪伴照顧。

圓圓姊說：「我跟老公就申請外籍看護在高雄家裡照顧倆老，身爲長子的老公經濟條件比較優渥，每個月外籍看護的所有費用都由他支付，但同住一個屋簷下的小叔及小嬸還是抱怨身心壓力很大。隔一段時間，長期住在美國的小姑回臺灣探視公婆，嫌棄外籍看護沒把公婆照顧好，就說自己要從美國返鄉，親自照顧媽媽，但要求我老公每個月要支付她照顧費用 3 萬多元。隔不到半年，同樣住在美國的大姑也從美國回臺，兩姊妹彼此商量要輪流回國各照顧母親半年，大姑跟小姑一樣每個月也要向我老公支領照顧費用。」

接著又說：「一開始，倆姊妹跟公婆及小叔小嬸都住在高雄老家，日子久了，小姑跟小嬸常常有摩擦或嫌隙。後來兩姐妹提出要求，要另行在外租房子，帶著公婆一起住，但房租連同公婆照顧費，全部都須由我老公支付，我這個當大嫂的也很無奈，只能摸摸鼻子照單全收。兩姊妹交接時段常會出現照顧空窗期，這期間，我必須放下臺北所有的事情與活動，專程趕回高雄照顧公婆。但這段空窗期的照顧費用仍然要繼續支付給兩位小姑。」

圓圓姊的公婆後來陸續離開人間，她老公的擔子也輕省多了，因無須擔憂年邁雙親照顧問題，以及龐大的財務支出。現在已隨心所欲，四處旅行。圓圓姊說：「想到過去公婆生病那段日子，眞是身心煎熬呀！但慶幸的是，我兩位小姑雖然長住美國，但仍保有深厚的孝道觀念，還願意回臺灣擔起親自照顧父母親的責任。」

(3)承擔照顧失能母親責任，卻讓夫妻關係降到冰點

2020 年在淡水河邊偶遇多年不見的許姓好友夫婦，我和先生邀請他們夫婦倆一起共享午餐，一同共渡美好的下午時光。我特別與許先生談及居家照護他老母親的問題，許先生話匣子一開，說個沒完，以下是我訪

問許先生的故事內容：

最近我太太情緒變得很不穩定，有時會突然大發脾氣，讓人難以招架，這點讓我很困擾。導致她情緒不穩的問題來源，就是我 95 歲的母親。

童年我與父母及其他四個兄弟一起住在景美，後來父親經商失敗，只好把景美老家賣給二哥，我排行老三，老大很早就移居加拿大，母親跟大哥感情甚篤，老四因罹患失智症，由弟媳照顧中，老五住在臺北，假日有空會來探視母親。

成年後，兄弟各自成家，都有自己的家庭，父母多年來分別到各兄弟的家裡居住及幫忙照顧孫子。2000 年左右，我的太太及唯一的兒子移民加拿大，父母親就搬來天母跟我一起生活。幾年後，父親去世，我太太及小孩也回臺灣定居，母親依舊繼續住在我家，這種狀況持續將近二十年。

2019 年 6 月，94 歲的母親因跌倒入院開刀，兄弟們輪流在醫院照顧母親，出院後，母親仍然回我家住。之後母親又陸續跌倒兩次，再住院治療。母親手術出院後的照護，都由我及太太承擔，當時太太還在上班，照顧母親的事幾乎都由我負責居多。2020 年 2 月，我太太從職場退休，她每天 24 小時都要面對母親照顧的問題，例如：三餐、大小便、吃藥、洗澡等。其實我可以親自打理母親的問題，不須要太太幫忙，也告訴太太，她隨時可以出門去走走、或辦事、或學習、或當志工，但照顧失能母親的問題，仍然深深困擾著她。

週末白天，其他兄弟會過來接替照顧事宜，我跟太太會外出走走，透透氣，也讓太太轉換空間稍作喘息。對於母親照顧的問題，我是沒有意見，自己的母親年邁生病，總是要協助，且她也不願意到安養院居住。我是沒想過要跟其他弟兄討論母親照顧的問題，因爲基本上，我是可以承擔這個責任的。但這件事帶給我太太極大反彈及不舒服感，她總認爲母親有五個兒子，爲何只能由我承擔，我不知道該如何跟其他兄弟開口討論照顧母親的事，也沒辦法在母親面前提及要兄弟們輪流照顧她的議題。雖然母親開始有些輕微失智，但畢竟 95 歲的她，頭腦還是非常清楚，我現在最急迫要處理的，還是太太的情緒問題，但是不知道該如何做，才能抒解她的壓力。

2. 外籍看護照顧

(1) 外籍看護照顧失能公婆，讓自己時間運用更自如

陳女士是我在教會的好友，因她是長媳的關係，年邁雙親歸由他們照顧，然而爲了照顧公婆的生活起居，常遇到來自公婆的抱怨，及小姑大姑的冷言冷語，內心極爲不平，以下內容是我與陳女士閒聊時，出自她內心的話：

我公婆都 90 多歲，因身體逐漸衰老，就搬來跟我們同住，才住了幾個月，公公就常常發脾氣，總嫌東嫌西，說些令人厭煩的話。婆婆因失智關係，常常疑神疑鬼，有時煮完飯會忘記關瓦斯，出門也常忘記鎖門。我跟老公都在上班，沒辦法親自照顧兩老，只好請外籍看護在家照顧他們。

我先生的兄弟姊妹對兩老的照顧理念差異性很大，所以常常爲公婆問題，彼此鬧得很不愉快。兩老住在我家期間，小姑大姑都認爲我們不夠盡責，常有批判的聲音。後來公婆就搬回自己的老家居住，由外籍看護陪伴照顧，我們偶爾回老家探視他們，老公的三個姊妹也常回老家陪伴兩老。雖然老公還有一位弟弟，但外籍看護的所有開銷，都由我們支付。

老公今年 60 多歲，我也快 60 歲，但我倆都不敢退休，因爲要支付公婆的所有照護費用。雖然經濟壓力比較大，但有外籍看護承接照顧公婆後，我的時間運用就比較彈性自由，外籍看護沒來之前，我一下班就趕著回家煮飯做家事，假日也要守著公婆無法出門，覺得自己的人生很灰暗。現在有了外籍看護，我跟老公就有自己的時間安排進修及旅遊活動，讓自己過得開心一點。這兩年可能壓力太大，我跟老公的身體都陸續出現問題。所以就是要快樂的活在當下，不去理會三位大姑小姑的閒言閒語，否則日子會很煎熬。

(2)白天讓外籍看護休息，跟姊妹輪流照顧母親

李姐是我社區裡的住戶，我們偶爾會一起在社區裡頭健走運動，有一次聊天時，聊到老年人照護問題，李姐內心深有感觸，就一邊跟我散步，一邊與我分享照顧她年邁母親的故事：

以前我媽媽身體還算硬朗也懂得保養，90 歲後雖然行動自如，我們還是申請外籍看護陪伴照顧她的生活起居。我爸爸過世後，留下很多土地給媽媽，因此媽媽的經濟條件還算不錯。2019 年，98 歲的媽媽在小妹家不慎跌倒，從此身體就問題不斷。媽媽有六個女兒，家

中沒有男孩，大女兒是領養來的。我雖然是家中老二，卻是爸媽親生的大女兒。當媽媽在小妹家跌倒時，我正跟家人在南部渡假。妹妹來電要我立即回臺北處理媽媽的事，因爲平時媽媽有事都找我，姊妹們雖然都在醫院的急診室等候，卻不敢作任何決定，我只好匆忙急著趕回臺北，處理媽媽就醫的事。

2020 年初，99 歲的媽媽罹患膀胱癌，固執的媽媽一直不肯穿紙尿布，一穿上紙尿布就被她扯破，且每天上廁所次數不下百次。這兩年，媽媽跟我家人一起住，但她的病症搞得大家都很疲累，又影響我兒子的睡眠，只好在家附近另外租一間房子，讓外籍看護陪她。因媽媽日夜顚倒，無法安靜入眠，只好白天讓外籍看護睡覺，我跟姊妹們輪流照顧媽媽，晚上再由外籍看護接手照顧。這段時間眞的很辛苦，我的身體也一直出狀況，還好媽媽只拖了七個多月，不然我的身體可能被拖垮！

2020 年 7 月底，媽媽安息後，我們也卸下沉重的長照重擔。但媽媽生前吩咐我一定要幫她土葬，且不能用冰塊冷凍她的身體。爲此，我忙得焦頭爛額，還四處找乾冰處理媽媽的遺體，當然也花了不少錢。現在所有事情都處理圓滿，我的身體痠痛也漸漸恢復及好轉。我的姊妹們都介於 65-76 歲之間，大家都是樂齡成員，看到媽媽老年的光景，大家似乎有所感觸與領悟，開始邀約一起渡假旅行，鼓勵彼此要把握當下，享受人生。

(3) 感謝外籍看護代替我們兄弟陪伴及照顧雙親

長期工作居住在美國的大衛，前兩年回臺灣定居，就在淡水租了一間 98 坪的房子，將原本居住在美國的年邁雙親（都 90 多歲）接回臺灣一起生活，以下是大衛與我分享外勞看護他雙親的故事：

我原本家裡只聘請一位外籍看護照顧雙親的生活起居，但隨著雙親自理功能漸漸退化，只好再增聘一位外籍看護照顧雙親。兩位外籍看護，早晚一定推著輪椅帶兩老到社區中庭，然後扶著兩老慢慢練習走路，走完路就坐在中庭椅子上休息，外籍看護就陪坐身旁聊天或滑手機，時間到，再推著輪椅將兩老帶回家。

雖然每個月房租及外勞看護費的支出要 10 萬臺幣，但父母有一筆優渥的退休金，在美國的兄弟們也會不定時提供金錢援助，大衛自己也存有足夠的養老金。他說選擇租房子是爲了讓資金運用更自如，若雙親過世也可以搬到較小的房子居住，沒有貸款及稅務的負擔，也不必煩惱年老資產該如何處置，而且可以常常住新裝潢好的房子或換個地方 Long Stay。所以大衛可以悠哉的安排熱愛的旅遊活動，也可以不定期出國到世界各地走走，有朋友邀約吃美食，隨時就可以上路。

人生是一瞬間的事，不要浪費時間在計較兄弟誰照顧父母的事上，退一步則海闊天空，很感謝外籍看護代替我們兄弟們陪伴及照顧雙親，讓我們兄弟擁有更多的自由時間，可以做想做的事。

3. 安養院照顧

(1) 父親若繼續長壽，就要賣房子支付安養院的費用

阿珍是我研究所同學，開朗熱情，是班上的開心果，工作受 COVID-19 疫情影響，無法帶團出國旅遊，兼因父親長期住在安養院，有龐大醫藥費需支付，經濟突受困頓。有一天同學聚餐時，有感而發，與我分享她的內心故事：

我是家裡的長女，有二個弟弟及一個妹妹。國中畢業不久，母親就因意外事件過世，高中就一個人北上求學並半工半讀，專科畢業後，就一直在職場工作。後來當歐美旅行團的導遊兼領隊，因爲口碑不錯，賺了一些錢，在朋友的建議下，把賺的錢投資在各國的房地產，這些投資累積的財富，養成我花錢不手軟的習慣，家中弟弟妹妹及父親住的房子都是我花錢買的，甚至姪子的學費也一直靠我供應。

2018 年，父親罹患結腸癌，健康逐步走下坡，常有尿失禁或尿不乾淨等問題。雖然跟弟弟及弟媳婦住一起，但他們都沒空照料父親的日常生活。唯一的妹妹因工作壓力導致精神狀態不穩定，有時候還要住院治療。我必須上班賺錢，也不想生活被父親綁住，只好將父親

送進安養院。

住安養院這二年，父親進進出出急診室很多次，連同安養院費用，共花了我將近 100 萬元，而這筆花費就像無底洞，不知道何時才能結束這個夢魘。現在到安養院探望父親時，我都笑不出來，對他不再有一絲絲情感。還好我還年輕（48 歲），還有體力去賺錢，目前存款還足夠父親再花用二年，若二年後他還活著，我可能要賣房及賣地了。他今年已經 82 歲，不知道還要拖多久時間。

看到現在 90 多歲的高齡長者這麼長壽，我很擔心若父親也活得這麼長壽，該怎麼辦？我的弟弟及妹妹都沒有能力扶養父親，爲了自由及賺錢，我也不可能親自照顧他。父親每次到急診室就醫，我才照顧二天，就累得整個人快要虛脫，有時還打電話給弟弟及弟媳婦，請他們輪流接替照顧父親。每天 2,200 元的看護費用是很嚇人的，若住院一個月，就要花費 6 萬多元。爲了輪流照顧父親這件事，我跟弟弟不知道吵過多少次架，甚至彼此都不說話了。

長期照顧父親已成爲我沉重的負擔，現在我買東西都要看價錢，不像以往那麼瀟灑用錢了，而且縮衣節食，盡量減少不必要的花費。這個沉重的負擔，我不知道還能撐多久，但我也要善待自己，朋友有邀約，我就出去走走或玩樂放鬆，畢竟沉重的日子也要開心過，若不善待自己，就沒有正能量去面對父親長照的問題。

4. 護理之家照顧

(1) 無法挑選護理之家好與壞，只要願意照顧舅舅就好

72 歲的莉莉姊未婚，很享受一個人的生活，喜歡登山健行的她，會固定參加登山協會的活動。最近一、二個月參加登山健行，不是遲到，就是缺席，原來她正爲家中長輩出院後的安置地點忙碌著。

莉莉姊跟我說：「我 92 歲的舅舅平常由我在照顧，因肺衰竭，在某醫學中心住了兩個多月，雖然有氣切管路，但因病情穩定，醫院要我們盡快辦理出院。舅舅有榮民身分，好不容易將他轉到某榮民醫院繼續治療，一個月後，該榮民醫院又以舅舅病況穩定爲由，要他辦理出院回家療養。因舅舅有氣切管路又年邁沒家屬，我是他在臺灣唯一的親屬，但 72 歲的我根本沒體力照顧他。跟舅舅商量很久，他終於點頭願意入住護理之家，由專業人士照顧。但詢問了好幾家臺北的護理之家，都是滿床位，日前終於在板橋找到一家有空床位的私立護理之家，雖然該護理之家評價不是很好，收費也不便宜，但此時此刻，只要有地方安置舅舅就好，我也沒時間去挑選好或不好的護理之家。」

聽完莉莉姊無奈的心聲，讓我想起 2020 年 11 月

19 日《聯合報》有個斗大標題：護理之家一床難求，北市恐等四年，內容提到臺北市的護理之家及老人養護機構約有六千多床，幾乎呈現滿載狀況，尤其市立聯合醫院的四間護理之家更是一位難求，排隊人次從 433 人至 570 人不等，平均等候天數從半年至四年不等。莉莉姊的舅舅每個月有將近 3 萬元的月退俸，加上之前的積蓄，勉強還能支應護理之家每個月將近 5 萬元的費用。

莉莉姊曾無奈的說：「也不知道舅舅的積蓄可以撐多久，但身邊沒有可以照顧舅舅的人力，能在護理之家接受專業照顧是目前最好的選擇，致於費用的問題，等不夠了，再來想辦法就好。」

中華民國家庭照顧者關懷總會理事長郭慈安提到，雖然重度失能老人可以申請機構安置，或聘請外籍看護代為照顧，但不是每個失能者的家庭都能負擔每月數萬元的機構養護費或外籍看護聘僱費用，因而只能由家人扛起照顧失能長輩之責。有一次參加一場某社區大學藝術展覽開幕典禮，節目一開始由一位學員拉二胡當序曲，與會來賓正聚精會神聆聽美妙樂曲時，突然琴聲斷斷續續走音，大家正不解之際，該學員起立誠摯的對臺下觀眾說，昨晚因為照顧 90 多歲中風長期臥床的岳母，一個晚上睡眠被中斷多次，目前實在疲憊至極，剛才表現得不好，尙請大家見諒，語畢，臺下響起鼓勵及安慰的掌聲。

(2) 能按月繳得出護理之家費用，才是目前最關心問題

小張的老家在屏東恆春，高中他就離家在外地讀書，然後成家立業。目前年近 50 歲的他，在臺北有份穩定的工作，由於結婚得晚，女兒今年（2020 年）才 5 歲多，太太沒上班，專心照顧女兒。

小張的父親在老伴過世後，就一個人獨居在恆春老家，平時鄉里活動，他都熱心參與，生活能自理也不覺得寂寞。2019 年，80 多歲的父親突然中風，右側肢體偏癱，還插上鼻胃管。

因小張兄弟姊妹都已成家且分散居住在不同鄉鎮，小張只好將父親接到臺北，安置於護理之家，每個月 4 萬多元的安養費用造成小張極大的經濟壓力，除了大姐可以幫忙分擔部分費用外，其他兄妹都自身難保，實在無能爲力幫忙。爲了照顧父親的事，姊弟二人還曾大打出手，大姊常質疑弟弟及弟媳對父親不夠盡心盡力，就只是將父親丟在護理之家而沒有眞正關心父親。

小張也有自己的難處，除了工作忙碌、孩子小，常感分身乏術外，99 歲的岳父因身體功能日漸退化、

脾氣又不好，相差岳父三十多歲的岳母也過得不快樂，兩人常常爭吵，小張的老婆只好在住家附近又租了一間房子，將住在臺南的兩老接到臺北，又請一位外籍看護照顧兩老。但年邁的岳父常常生病進出醫院，小張老婆要常常陪著看診，加上照顧年幼的女兒已經忙得暈頭轉向，實在沒有多餘的時間再去關心住在護理之家的公公。

小張雖然有穩定的收入，但還有房貸支出，父親及岳父的長照問題讓他一個頭兩個大，也不知道夫妻倆體力及財力還能撐多久。許多夢想已隨長照問題遠去，能繳得出每個月的安養費用，才是他目前最關心的問題。

5. 居家照顧

(1) 婆婆跟居服員處得很好，就像家人般自在

芝蓮是我高中同班同學，結婚後，全家旅居美國，只要一休假，會常回臺灣旅遊，及拜訪親朋好友。在COVID-19 疫情期間，她也回臺灣一趟，眞是熱愛臺灣。以下是她與我分享照顧她婆婆的故事：

我跟老公長期住在美國，偶爾才會回臺灣小住幾天。我婆婆今年（2020 年）98 歲了，身體還算硬朗，可以在住家附近四處趴趴走，但須要有人幫她準備三餐，晚上也需要有人在家陪伴。還好婆婆生了六個兒子，每個兒子每個月輪流於晚上過來陪伴，每個兒子一年平均輪值二個月。

白天有申請長照居家服務，居服員每天會來家裡幫婆婆洗澡及送午餐。有些比較保守的老人會排斥居服員協助洗澡的服務，感覺沒有隱私權，但我的婆婆一點都不排斥，還跟居服員處得很好，家人對照服人員的協助也都很滿意。早餐及晚餐，輪值的兒子會帶飯菜或買便當給婆婆吃。我們因長期住在美國，大伯就幫我們輪值照顧婆婆，我們會匯錢貼補大伯照顧婆婆的費用。

我覺得自己很幸運，婆婆雖然高齡年邁，但都還能

自由走動，頭腦也非常清楚，沒有一般老人常見的失智問題。除了需要照服人員協助洗澡外，只要早晚有人送餐及陪伴看看她就行。

老公的兄弟姊妹大多住在婆婆家附近，所以輪流看護婆婆也不致有太多問題，感謝老公家人的幫忙，讓我在國外能安心上班，也能心無旁騖的出國旅行，過著悠遊自在的生活。

(2) 居服員成為母親好朋友亦分擔子女的責任

我一次我參加登山活動，遇見一位軍人退休的林先生，我們一邊登山健走，他一邊向我分享他年邁母親居家照護的故事如下：

我媽媽今年 92 歲，一人獨居在嘉義老家。她雖然年邁但耳聰目明，也活動自如。平時很少外出，大多在家看書、寫書法或看電視。她娘家經濟狀況不錯，有受過初中教育，年輕時出入都會打扮得很典雅，對兒女、家人及朋友出手也很大方。

我有二個哥哥、一個弟弟，及一位當修女的姐姐，二哥 60 歲那年因癌症過世，我們兄弟沒告訴媽媽，有一天她看到二哥的遺像後，哭了很久很久。大嫂幾年前因意外身亡，70 歲的大哥身體狀況也不好，也是一個人獨居。小弟跟我都在臺北工作及成家立業。

媽媽平時花錢闊氣，所以也沒有多少存款，她目前住的房子是我年輕時花錢買的，小弟在嘉義有一棟房子出租，租金所得 7,000-8,000 元，就給媽媽當生活費，大哥經濟條件不好，脾氣也暴躁，偶爾會去看看媽媽。

這一年，媽媽食慾愈來愈差，也不太下廚，我申請居家照服員到家裡幫媽媽洗澡及送餐，居服員也會定時陪媽媽到社區中庭活動，陪她說說話。雖然剛開始，媽媽不習慣居服員的陪伴與服務，但日子久了，也慢慢習慣，現在居服員成了她的好朋友，也分擔了我們兒女的責任。

大概每個月，我都會從臺北回嘉義看媽媽一次，每次都購買安素營養品讓她補充營養，有時也陪她到戶外走走或買便當給她吃。雖然我已經退休多年，但媽媽不願意上臺北跟我家人同住，堅持一個人守著老家，她有她自己的想法與尊嚴，我當兒子的，也只能順著她的意見，只是看她愈來愈年邁，而我們好像也幫不上忙。還好她還能走動、看書打發時間。有居家照服員定期到家理陪伴媽媽，我在臺北也比較能安心的參加登山活動或去旅行。

6. 善終故事

(1)母親一直想走、想解脫，卻走不了

安姐姐是我在社區認識的朋友，她熱衷學習，在淡水社區大學修了好幾門課程；有一次在社區餐敘中閒聊，她與我分享她年邁母親的心情故事如下：

我媽媽是個高級知識分子，從小就接受很完整的教育與栽培，能流利說出四種語言，年輕時很時髦且擅於裝扮自己，有美貌與才華的她，曾經風光過一段很長的時間。今年（2019 年）她已經 98 歲，前幾年因中風導致右側肢體偏癱無法行動，吞嚥功能也受損，只要喝水或吃東西就一直嗆咳，所以就插鼻胃管灌食。我申請一位外籍看護，日夜 24 小時照顧她。

媽媽意識很清楚，記憶力也很好，但失去口語能力，無法用言語表達她的想法，生病初期，還會用紙筆傳達訊息，但幾年過去，她的病況依舊，漸漸地，她的眼神開始充滿哀怨與悲傷。每次回娘家看她，她總緊握我的手不放，強烈表達不願意看我離開，我知道她受很多身心上的折磨，她一直想走、想解脫，卻走不了！

當她用哀怨及失望的眼神看著我時，我非常無奈也很心疼，每次去探望她，總有撕心裂肺的感覺。但我

沒辦法一直陪在她身邊，甚至看她痛苦的表情，我內心壓力很大，需要找個地方釋放與解脫。其實她日漸淡漠的眼神與表情，早已訴說對生命的絕望與放棄，但她走不了，我不可能將她的鼻胃管拔除，然後看著她活活餓死，更不可能用藥物結束她的生命，畢竟她頭腦還非常清楚。就算安樂死在臺灣可以合法實施，我也不會用這種方式結束媽媽的生命。以目前的狀況，也只能無奈的過一天、算一天、折磨一天！

(2) 非常懊悔讓年邁的母親受截肢的苦

陳先生今年 70 歲，早年經商有成，退休後跟著太太過著閒雲野鶴、四處旅行的生活。原本悠哉的生活卻因 2019 年 9 月，101 歲媽媽的病況而暫告一段落。老母親原本只是老化已無法自理生活，請一位外籍看護工陪伴身邊日夜照顧她，兄弟姊妹也經常抽空到家裡探視媽媽。但半年前，他媽媽因身體不適入院急救，雖然住院幾天後，病情有稍微穩定，過幾天，又陸陸續續進出加護病房多次。

以下是陳先生分享他年邁母親該不該再手術與兄弟姊妹爭執不休的故事：

2020 年 9 月，媽媽因敗血症入院治療，因雙腿感染嚴重，是否要將母親雙腳膝蓋以下截肢？因家中弟兄姊妹多，大家對媽媽的醫療處置意見也特多，常常因彼此意見不合而有所爭執或吵鬧不休。

我個人非常懊悔，覺得不應該讓年邁的媽媽受此活罪，但我又沒有權利決定媽媽手術的事，所有的弟兄姊妹應該都沒有辦法承擔手術成功或失敗的後果。若手術成功，年邁的母親能否順利康復，這期間可能要受許多肉體上的疼痛。假設手術失敗，又得接受一連串的治療或搶救，因此也只能聽憑醫師的判斷。最後母親還是截肢了，我甚感痛苦。

父母高齡無法自行做醫療決策時，我們晚輩常陷入痛苦的抉擇，若放棄急救，就怕背上不孝的罪名，若不放棄醫療，就得面臨無止境的長照困境。若長輩能提前表達對善終的看法，晚輩應該比較能依循父母的意見，做最好的處理，也可以免除不必要的醫療所造成的痛苦。

國家圖書館出版品預行編目資料

不退休其實更好：一位高年級實習生的真實分享／謝冠賢，李淑芬著. -- 初版. -- 臺北市：書泉出版社, 2021.04
面；　公分.
ISBN 978-986-451-215-7（平裝）

1.老人學　2.生涯規劃　3.生活指導

544.8　　110002517

3M8F

不退休其實更好：一位高年級實習生的眞實分享

作　　者 — 謝冠賢、李淑芬
發 行 人 — 楊榮川
總 經 理 — 楊士清
總 編 輯 — 楊秀麗
主　　編 — 侯家嵐
責任編輯 — 鄭乃甄
文字校對 — 許宸瑞
封面設計 — 王麗娟
出 版 者 — 書泉出版社
地　　址：106台北市大安區和平東路二段339號4樓
電　　話：(02)2705-5066　　傳　　真：(02)2706-6100
網　　址：https://www.wunan.com.tw
電子郵件：shuchuan@shuchuan.com.tw
劃撥帳號：01303853
戶　　名：書泉出版社

總 經 銷：貿騰發賣股份有限公司
電　　話：(02)8227-5988　傳　　真：(02)8227-598
地　　址：23586新北市中和區中正路880號14樓
網　　址：www.namode.com

法律顧問　林勝安律師事務所　林勝安律師

出版日期　2021年4月初版一刷
定　　價　新臺幣280元

童年的祕密
烏托邦
奇怪的戰敗
新工具
理想國
禪學隨筆
美學原理
自殺論
人的行為：經濟學專論